【共通テスト】
英語
［リーディング］
ドリル

大岩 秀樹

はじめに

　大学入学共通テストでは，大学教育の基礎力を高等学校指導要領において育成することを目指す資質・能力を踏まえ，知識の理解の質を問う問題や，思考力，判断力，表現力等を発揮して解くことが求められる問題を重視した問題作成となるが，これが意味する出題とはどのようなものだろうか？

　私は，その答えの一つが「出題内容・形式が一定でない」であると確信している。例えば，E-mail の内容が毎回出題されたりはしない。もしくは，仮に同じ E-mail の出題が見られた場合でも，解答に求められる力は言い換えなどの語彙力問題から，文脈による内容把握力問題へ変更されていることも考えうる。つまり，数年単位で見れば同じ内容・形式での出題はあり得るが，毎年同じ問われ方はしない可能性があるのだ。

　大学入学共通テストの前身となった「センター試験」では，出題内容・出題形式が例年ほぼ同じであり，ゆえに，「このような出題では，こう解く」といった過年度の解答へのアプローチがそのまま流用できる問題も少なくなかった。しかし，あなたが受験する大学入学共通テストは「思考力・判断力」さえも問われる試験なのである。

　「設問が問うている内容＝正解に辿り着くためのカギ」を 1 問ごとに考えて理解し，紛らわしい選択肢にも惑わされることのないように正確な判断を下して正解へと辿り着く。これは，テクニックなどは通用しない，純粋な英語力を問う試験になったということを意味するが，その試験こそが「大学入学共通テスト英語〔リーディング〕」そのものなのである。

　80 分という厳しい時間設定からもわかるように，単語・熟語・文法・構文などの力は今まで以上に反復し，確実な定着が必須となる。それに加えて，形式慣れではなく「思考慣れ」を目的とした演習，具体的には「様々なタイプの問題・出題形式に触れる演習」も必須となる。

　特別な対策はいらない。語彙力を身につけ，文法・構文学習を通じて表現力を身につけ，読解演習で思考力を磨く。当たり前の英語力を伸ばすことが，最大の対策となる。本書には，特別なことは何一つ書かれていない。ゆえに，最強の共通テスト英語〔リーディング〕対策書と言えよう。もしあなたが，大学入学共通テストで高得点を目指すなら，本書は最適な 1 冊となる。「試験当日，確実に目標点を獲得する。」そのために，本書を活用してもらえればと思う。心から健闘を祈る。

　　　　　　　　　　　　　　　　　　　　　　　　　　　　　　　　　　大岩　秀樹

共通テストとは

　大学入学共通テストは，大学への入学を志願する人を対象に，高校レベルの学習の達成の程度を判定することを，主な目的としています。2020 年まで実施されていた「センター試験」と同様に，毎年 1 月に全国で一斉に行われ，

　　①国公立大の一次試験として利用

　　②私立大の募集方式の一部に利用

されます。

■センター試験からの主な変更点

　大学入学共通テスト（以下「共通テスト」）は，知識の理解の質を問う問題や，思考力，判断力，表現力などを発揮して解くことが求められます。

　大学入試センターは，「共通テスト」を利用する各大学に対し，該当大学の入学志願者の教科・科目の試験成績について，「科目別得点」に加えて新たに 9 段階の「段階表示」を提供します。英語については，「リーディング」「リスニング」別に段階表示が行われます。

　英語においては，以下の 5 点が大きな変更点と言えるでしょう。

①「英語（筆記）」から「英語（リーディング）」に変更。

②「リーディング」の配点が 200 点から 100 点となり，「リスニング」の配点が 50 点から 100 点となる。つまり，配点が「4：1」だったものが「1：1」となる。[*]

③「リーディング」では，発音・アクセント・文法やイディオムの穴埋め・語句整序問題を単独で問う問題は出題されない。

④アメリカ英語に加えてイギリス英語を使用することもある。

⑤「リスニング」では英語の音声を 2 回流す問題と，1 回流す問題に分かれる。流す回数は以下の通り。

問題	第1問	第2問	第3問	第4問	第5問	第6問
流す回数	2回	2回	1回	1回	1回	1回

---

[*]　各大学の入学者選抜におけるリーディングとリスニングの成績の利用方法については，各大学の募集要項などで確認すること。例えば，リーディング：リスニングの点数を「3：1」や「4：1」で換算する大学もあります。

■ 2024 年度 共通テストの出題教科・試験時間

教　科	グループ	出題科目	出　題　方　法　等	科目選択の方法等	試験時間 (配点) (注 1)
国　語		「国　語」	「国語総合」の内容を出題範囲とし，近代以降の文章，古典（古文，漢文）を出題する（注 2）。		80 分 (200 点)
地理歴史		「世界史 A」 「世界史 B」 「日本史 A」 「日本史 B」 「地　理 A」 「地　理 B」	「倫理，政治・経済」は，「倫理」と「政治・経済」を総合した出題範囲とする。	左記出題科目の 10 科目のうちから最大 2 科目を選択し，解答する。 　ただし，同一名称を含む科目の組合せで 2 科目を選択することはできない（注 3）。 　なお，受験する科目数は出願時に申し出ること。	1 科目選択 60 分 (100 点) 2 科目選択 130 分 (うち解答時間 120 分) (200 点) (注 4)
公　民		「現代社会」 「倫　理」 「政治・経済」 「倫理，政治・経済」			
数　学	①	「数学 I」 「数学 I・数学 A」	「数学 I・数学 A」は，「数学 I」と「数学 A」を総合した出題範囲とする。 　ただし，次に記す「数学 A」の 3 項目の内容のうち，2 項目以上を学習した者に対応した出題とし，問題を選択解答させる。 〔場合の数と確率，整数の性質，図形の性質〕	左記出題科目の 2 科目のうちから 1 科目を選択し，解答する。	70 分 (100 点)
	②	「数学 II」 「数学 II・数学 B」 「簿記・会計」※ 「情報関係基礎」※	「数学 II・数学 B」は，「数学 II」と「数学 B」を総合した出題範囲とする。 　ただし，次に記す「数学 B」の 3 項目の内容のうち，2 項目以上を学習した者に対応した出題とし，問題を選択解答させる。 〔数列，ベクトル，確率分布と統計的な推測〕 　「簿記・会計」は，「簿記」及び「財務会計 I」を総合した出題範囲とし，「財務会計 I」については，株式会社の会計の基礎的事項を含め，「財務会計の基礎」を出題範囲とする。 　「情報関係基礎」は，専門教育を主とする農業，工業，商業，水産，家庭，看護，情報及び福祉の 8 教科に設定されている情報に関する基礎的科目を出題範囲とする。	左記出題科目の 4 科目のうちから 1 科目を選択し，解答する。　※が付された科目の問題冊子の配付を希望する場合は，出願時に申し出ること。	60 分 (100 点)
理　科	①	「物理基礎」 「化学基礎」 「生物基礎」 「地学基礎」		左記出題科目の 8 科目のうちから下記のいずれかの選択方法により科目を選択し，解答する。 A　理科①から 2 科目 B　理科②から 1 科目 C　理科①から 2 科目及び理科②から 1 科目 D　理科②から 2 科目 　なお，受験する科目の選択方法は出願時に申し出ること。	【理科①】 2 科目選択 60 分 (100 点) (注 5) 【理科②】 1 科目選択 60 分 (100 点) 2 科目選択 130 分 (うち解答時間 120 分) (200 点) (注 4)
	②	「物　理」 「化　学」 「生　物」 「地　学」			
外国語		「英　語」 「ド イ ツ 語」※ 「フランス語」※ 「中　国　語」※ 「韓　国　語」※ (注 6)	「英語」は，「コミュニケーション英語 I」に加えて「コミュニケーション英語 II」及び「英語表現 I」を出題範囲とし，【リーディング】と【リスニング】を出題する。 　なお，【リスニング】の問題音声が流れる回数は，1 回読みのものと 2 回読みのもので構成する。	左記出題科目の 5 科目のうちから 1 科目を選択し，解答する。 　ただし，※が付された科目の問題冊子の配付を希望する場合は，出願時に申し出ること。	「英語」 【リーディング】 80 分 (100 点) 【リスニング】 （「英語」のみ） 60 分 (うち解答時間 30 分) (100 点) 「ドイツ語」「フランス語」「中国語」「韓国語」 【筆　記】 80 分 (200 点)

(注1) 国語及び外国語（「英語」を除く。）は，各教科について1試験時間とし，地理歴史及び公民については，合わせて1試験時間とします。数学及び理科は，①及び②の出題科目のグループごとに，外国語「英語」は，リーディングとリスニングに試験時間を分けます。

(注2) 「国語」の出題分野別の配点は，「近代以降の文章（2問100点），古典（古文（1問50点），漢文（1問50点））」とします。
　　　なお，国語の出題分野のうち，大学が指定した分野のみを解答する場合でも，国語の試験時間は80分です。

(注3) 地理歴史及び公民の「科目選択の方法等」欄中の「同一名称を含む科目の組合せ」とは，「世界史A」と「世界史B」，「日本史A」と「日本史B」，「地理A」と「地理B」，「倫理」と「倫理，政治・経済」及び「政治・経済」と「倫理，政治・経済」の組合せを指します。

(注4) 「地理歴史，公民」及び「理科②」の試験時間において「2科目受験する」と登録した場合は，解答順に第1解答科目及び第2解答科目に区分し各60分間で解答を行いますが，第1解答科目及び第2解答科目の間に答案回収等を行うために必要な時間を加えた時間を試験時間とします。

(注5) 「理科①」については，1科目のみの受験は認めません。

(注6) 外国語において「英語」を選択する受験者は，原則として，リーディングとリスニングの双方を解答してください。リスニングは，音声問題を用い30分間で解答を行いますが，解答開始前に受験者に配付したICプレーヤーの作動確認・音量調節を受験者本人が行うために必要な時間を加え，試験時間は60分とします。
　　　なお，「英語」以外の外国語を受験した場合，リスニングを受験することはできません。

■ 2024 年度 共通テストの試験日程

期　　　日	出 題 教 科 ・ 科 目		試 験 時 間 （注 1, 2）
令和6年 1月13日（土）	地理歴史 公民	「世界史A」「世界史B」 「日本史A」「日本史B」 「地理A」「地理B」 「現代社会」「倫理」 「政治・経済」「倫理，政治・経済」	2科目受験 9:30～11:40 （注3） 1科目受験 10:40～11:40 （注3）
	国　　語	「国語」	13:00～14:20
	外 国 語	「英語」「ドイツ語」「フランス語」 「中国語」「韓国語」	「英語」 【リーディング】 「ドイツ語」「フランス語」「中国語」「韓国語」 【筆記】 15:10～16:30 「英語」 【リスニング】 17:10～18:10
1月14日（日）	理 科 ①	「物理基礎」「化学基礎」 「生物基礎」「地学基礎」	9:30～10:30 （注4）
	数 学 ①	「数学I」「数学I・数学A」	11:20～12:30
	数 学 ②	「数学II」「数学II・数学B」 「簿記・会計」「情報関係基礎」	13:50～14:50
	理 科 ②	「物理」「化学」「生物」「地学」	2科目受験 15:40～17:50 （注3） 1科目受験 16:50～17:50 （注3）

(注1) 試験室への入室終了時刻については，受験票とともに送付する**受験上の注意**で明示します。

(注2) 試験開始時刻に遅刻した場合は，試験開始時刻後20分以内の遅刻に限り，受験を認めます。ただし，リスニングは，試験開始時刻（17:10）までに入室していない場合は受験することができません。

(注3) 「地理歴史，公民」及び「理科②」については，登録した科目数（1科目又は2科目）によって試験開始時刻が異なります。「2科目受験する」と登録した場合は，試験当日に1科目のみを受験する（1科目だけ受験を取りやめる）ことはできません。このため，遅刻者の試験室への入室限度（「地理歴史，公民」は9:50，「理科②」は16:00）までに入室しないと，後半の第2解答科目を含めて，その試験時間は一切受験することができません。また，第1解答科目のみ受験し，途中退室することもできません。

　　なお，第1解答科目と第2解答科目の間の10分間は，トイレ等で一時退室することはできません。

(注4) 「理科①」は試験時間60分で必ず2科目を選択解答してください。1科目のみの受験は認めません。

■試行調査とセンター試験のデータ

　「共通テスト」実施に先駆け，2018年11月に全国1,453校の高校・中等教育学校の高校生を対象に試行調査を行いました（本書では，「第2回」にその2018年の「試行調査」の問題を掲載しています）。英語の結果は以下の通りです。

科目	受験者数	配点	平均点
リーディング	12,990人	100点	51.25点
リスニング	12,927人	100点	59.10点

　2018年の「試行調査」は平均得点率を5割程度と想定して実施されたため，実際の「共通テスト」は，センター試験より低い平均点になることも予想されます。以下は，過去5年間のセンター試験の平均点です。

科目		2020年	2019年	2018年	2017年	2016年
リーディング	受験者数	518,401人	537,663人	546,712人	540,029人	529,688人
	平均点（200点満点）	116.31点	123.30点	123.75点	123.73点	112.43点
リスニング	受験者数	512,007人	531,245人	540,388人	532,627人	522,950人
	平均点（50点満点）	28.78点	31.42点	22.67点	28.11点	30.81点

「共通テスト本番レベル模試」のご案内

　参考書や問題集を解くことも大切ですが，「共通テスト」は始まったばかりの試験のため，過去問に乏しいのが難点です。「センター試験」の過去問を解くのも良いですが，各予備校の模擬試験を利用してみるのも1つの手段です。東進では「共通テスト」と同レベル・同形式の模擬試験を実施しています。

■共通テスト本番レベル模試の特長

①2カ月ごとに，合格可能性とあと何点必要かを明らかにする連続模試

②大学入学共通テスト（試行調査）と同じ出題形式・レベルの本番レベル模試

③試験実施から中5日で成績表をスピード返却

■対象：受験生・高2生・高1生

■試験会場：東進ハイスクール / 東進衛星予備校 / 早稲田塾 各校舎

　原則として会場厳正実施となりますが，自宅オンライン受験実施校舎では自宅オンライン受験も実施しております。但し「（自宅オンライン受験不可）」と記載されている校舎では自宅オンライン受験を受け付けておりません。ご注意ください。

■受験料：5,500円（税込）

　2023年12月時点での料金です。詳細は，東進のホームページをご確認ください。

https://www.toshin.com/exams/

■合格指導解説授業

　「共通テスト本番レベル模試」を受験した生徒は，合格指導解説授業（英・数・国）を無料で受講することができます。

その他，詳細は，巻末にあります最寄りの校舎にお尋ねください。

本書の特徴

　本書は，2017年と2018年に行われた「試行調査」2年分と，試行調査に沿った「模擬問題」1年分が収録されています。

　その3年分の問題を大問ごとにドリル形式に掲載し，10のPartに分けました。1Partにつき6分〜取り組むことができるので，受験日まで残り時間が少ない受験生や，これから腕試しをしようとする高校1・2年生にもぴったりです。

本書の構成

Part	CEFR	内容	出典	小問
1	A1 程度	短い文の読み取り①	2017 年試行調査　第1問Ａ	2問
			2018 年試行調査　第1問Ａ	2問
			オリジナル問題　第1問Ａ	2問
2	A2 程度	短い文の読み取り②	2017 年試行調査　第1問Ｂ	3問
			2018 年試行調査　第1問Ｂ	3問
			オリジナル問題　第1問Ｂ	3問
3	A1 程度	レビューやレシピ	2017 年試行調査　第2問Ａ	4問
			2018 年試行調査　第2問Ａ	5問
			オリジナル問題　第2問Ａ	5問
4	A2 程度	記事とコメントの読み取り	2017 年試行調査　第2問Ｂ	5問
			2018 年試行調査　第2問Ｂ	5問
			オリジナル問題　第2問Ｂ	5問
5	A1 程度	ブログの読み取り	2017 年試行調査　第3問Ａ	2問
			2018 年試行調査　第3問Ａ	2問
			オリジナル問題　第3問Ａ	2問
6	A2 程度	記事やコラムの読み取り	2017 年試行調査　第3問Ｂ	3問
			2018 年試行調査　第3問Ｂ	3問
			オリジナル問題　第3問Ｂ	3問
7	B1 程度	文章とグラフの読み取り	2017 年試行調査　第4問	5問
			2018 年試行調査　第4問	5問
			オリジナル問題　第4問	5問
8	B1 程度	物語・記事の読み取りと要約	2017 年試行調査　第5問Ａ	3問
			2018 年試行調査　第5問	4問
			オリジナル問題　第5問	4問
9	B1 程度	発表準備に伴う 記事の読み取りと要約	2017 年試行調査　第5問Ｂ	3問
			2018 年試行調査　第6問Ａ	4問
			オリジナル問題　第6問Ａ	4問
10	B1 程度	長い文の読み取りと要約	2017 年試行調査　第6問	4問
			2018 年試行調査　第6問Ｂ	4問
			オリジナル問題　第6問Ｂ	4問

本書の使い方

　まずは問題を，Part ごとに解いていきましょう。問題を解く際は，目標時間や目標点を目安に解いてみましょう。なお，目標時間は「共通テスト」の制限時間の 80 分を，大問ごとに区切った目安となっています。目標点は，100 点満点で約 70 点になるように設定してあります。

　問題を解いたら，解答と解説をチェックしましょう。解説は，わかりやすくかつ簡潔に示しました。また，辞書を引かなくても良いように，Part 7 以降は「単語リスト」をつけておきました。単語リストに掲載されているのは，いずれも CEFR B 1 以上の単語*になります。知らない単語があれば，すぐに覚えておきましょう。

　本書に掲載されている問題文は，音声ダウンロードまたはストリーミングで聞くことができます（設問文の音声はつきません）。詳細は p238，または「東進 WEB 書店」でご確認ください。

東進WEB書店

http://www.toshin.com/books/

※音声ダウンロード・ストリーミングの際は，以下のパスワードが必要になります。

password　KTdrill_Reading2020

　同シリーズ『【共通テスト】英語〔リスニング〕ドリル』も併せて解くことをお勧めします。

---

*　CEFR の基準は，『エースクラウン英和辞典』（三省堂）を参照しました。

目次

Part

1

短い文の読み取り
①

CEFR：A1 程度

※設問は語数に含めない。

第1問 （配点 4）CEFR：A1 程度

A You are planning to go to an amusement park in Hong Kong. You are looking at its webpage.

TOP > Crowd Calendar 🔍 [   ] | English | Chinese |

BLUE STONE AMUSEMENT PARK

This webpage will help you find the best dates to visit Blue Stone Amusement Park.

What's New

A new show titled "Pirates' Adventure" will start on November 13.

Crowd Calendar

On the following calendar, you can see the opening and closing times, and the crowd levels. The percentage in each box is an estimate of the number of people expected to be in the park. The maximum, 100%, is shown by the face icon. The percentage is calculated automatically based on advance ticket sales and past data.

On the days with the face icon, entrance to the park will be difficult. Visitors without an advance ticket may have to wait at the entrance gate for a long time. Advance tickets are only available online one week ahead.

By clicking each date on the calendar, you can see detailed information about the average waiting time for each attraction.

Crowd Calendar for November (information updated daily)						
Monday	**Tuesday**	**Wednesday**	**Thursday**	**Friday**	**Saturday**	**Sunday**
<u>5</u>	<u>6</u>	<u>7</u>	<u>8</u>	<u>9</u>	<u>10</u>	<u>11</u>
55%	65%	70%	70%	85%	90%	😖
9:00-17:00	9:00-19:00	9:00-19:00	9:00-19:00	9:00-21:00	9:00-21:00	9:00-21:00
<u>12</u>	<u>13</u>	<u>14</u>	<u>15</u>	<u>16</u>	<u>17</u>	<u>18</u>
55%	😖	😖	90%	85%	😖	90%
9:00-16:00	9:00-21:00	9:00-21:00	9:00-21:00	9:00-21:00	9:00-21:00	9:00-21:00

問 1　If you go to the park on November 13 without an advance ticket, at the entrance gate you will probably ⬚ **1** ⬚ .

① go straight in

② have to pay 55% more to enter

③ have to show your parking ticket

④ stand in a long line

問 2　When you click the dates on the calendar, you will find information about ⬚ **2** ⬚ .

① how long visitors have to wait for the attractions

② the cost of the advance tickets for the attractions

③ the food and drinks at various park restaurants

④ where visitors can park their cars at Blue Stone

〔 2017 年試行調査 〕

第1回

第1問 A

問題番号	問 1	問 2
解答欄	1	2
正解	④	①
配点	2	2

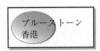

あなたは香港のある遊園地に行く計画を立てています。あなたはその遊園地のウェブページを見ているところです。

ブルーストーン香港	トップ > 混雑予想カレンダー 🔍	ブルーストーン遊園地

| | | 英語 | 中国語 |

このウェブページは,あなたがブルーストーン遊園地を訪れるのに最も良い日を見つける助けとなるでしょう。

新着情報

「海賊の冒険」と題する新しいショーが11月13日から始まります。

混雑予想カレンダー

[1] [1] 以下のカレンダーで,開園時間と閉園時間,ならびに混雑度を見ることができます。[2] それぞれの欄のパーセンテージは,遊園地にいると予想される人数の推定値です。[3] 最大値,つまり100%は,顔のアイコンによって示されます。[4] パーセンテージは前売り券の売れ行きと過去のデータに基づいて自動的に算出されます。

[2] [1] 顔のアイコンのある日は,遊園地への入場が難しくなるでしょう。[2] 前売り券をお持ちでないお客様は,入場門で長時間お待ちいただく必要があるかもしれません。[3] 前売り券は一週間前からインターネットでのみ入手可能です。

[3] [1] カレンダーのそれぞれの日付をクリックすると,各アトラクションの平均待ち時間についての詳細な情報を見ることができます。

11月の混雑予想カレンダー (情報は毎日更新)						
月曜日	火曜日	水曜日	木曜日	金曜日	土曜日	日曜日
5	**6**	**7**	**8**	**9**	**10**	**11**
55%	65%	70%	70%	85%	90%	😵
9:00-17:00	9:00-19:00	9:00-19:00	9:00-19:00	9:00-21:00	9:00-21:00	9:00-21:00
12	**13**	**14**	**15**	**16**	**17**	**18**
55%	😵	😵	90%	85%	😵	90%
9:00-16:00	9:00-21:00	9:00-21:00	9:00-21:00	9:00-21:00	9:00-21:00	9:00-21:00

問1　1　正解 ④

If you go to the park on November 13 without an advance ticket, at the entrance gate you will probably　1　.

前売り券なしで11月13日に遊園地に行く場合，入場門であなたはおそらく　1　でしょう。

① go straight in　　　　　　　　　　まっすぐ中に入る

② have to pay 55% more to enter　　入場するために55%多く支払わなければならない

③ have to show your parking ticket　駐車券を見せなければならない

④ stand in a long line　　　　　　　長い列に並ぶ

　条件を表す "if S V"「SがVするならば」に注目。すると「11月13日」「前売り券なし」が解答の条件とわかる。カレンダーの11月13日は顔のアイコンが示されているので，顔のアイコンの日に前売り券がないとどうなるのかを読み取れば良い。よって，第2段落1・2文目「顔のアイコンのある日は，遊園地への入場が難しくなるでしょう。前売り券をお持ちでないお客様は，入場門で長時間お待ちいただく必要があるかもしれません」より，「長時間待つ≒長い列に並ぶ」の言い換えが可能な④が正解。

問2　2　正解 ①

When you click the dates on the calendar, you will find information about　2　.

カレンダーの日付をクリックすると，　2　についての情報を見つけるでしょう。

① how long visitors have to wait for the attractions

来園者がそのアトラクションのためにどのくらい待たなければならないか

② the cost of the advance tickets for the attractions

アトラクションの前売り券の価格

③ the food and drinks at various park restaurants

遊園地内の様々なレストランの食べ物と飲み物

④ where visitors can park their cars at Blue Stone

ブルーストーンで来園者が駐車できる場所

　"when S V"「SがVするとき」に注目。すると「カレンダーの日付をクリックしたとき」に関する情報を読み取ることがわかる。よって，第3段落「カレンダーのそれぞれの日付をクリックすると，各アトラクションの平均待ち時間についての詳細な情報を見ることができます」より，「待ち時間≒どのくらい待たなければならないか」の言い換えが可能な①が正解。

第2回

⏱目標時間
2分

🎯目標得点
4/4点

📄解答ページ
P.018

✏学習日
／

第1問 （配点 4）CEFR：A1 程度

A You are a member of the English club. You are going to have a farewell party for one of the members, Yasmin from Malaysia. You have received a note from Amelia, an Assistant Language Teacher (ALT) and the club advisor.

Dear members of the English club,

It's about time we decide when to have the English club farewell party for Yasmin. She's leaving Japan on December 15, so the club members should meet sometime next week. Can you ask Yasmin which day is convenient for her to come to the party and let me know? When the day is fixed, I'll help you by planning a few nice surprises. Also, is it all right if I invite other students? I know some students from the tennis team who want to take part because they really had a good time playing tennis with her over the past six months.

Best wishes,
Amelia

問 1   The teacher wants you to ask Yasmin ☐ 1 ☐ .

① what she would like to eat at the party

② when she can attend the party

③ where she would like to have the party

④ who she would like to invite to the party

問 2   The teacher would also like to invite ☐ 2 ☐ .

① a few students who don't belong to the English club

② all the members of the English club and the tennis team

③ some of Yasmin's other English teachers

④ students who want to study abroad in Malaysia

〔 2018年試行調査 〕

第2回

第1問 A

問題番号	問 1	問 2
解答欄	1	2
正解	②	①
配点	2	2

訳
問題文

　あなたは英語クラブのメンバーです。あなたはメンバーの一人である，マレーシア出身のヤスミンのために送別会を開く予定です。あなたは外国語指導助手（ALT）でクラブの顧問であるアメリアからメモを受け取りました。

英語クラブのメンバーの皆さんへ

¹ そろそろヤスミンのための英語クラブの送別会をいつ開くかを決める頃です。² 彼女は12月15日に日本を発つ予定なので，クラブのメンバーは来週のどこかで集まるべきです。³ ヤスミンにどの日が彼女にとって送別会に来るのに都合がいいかを聞いて，私に知らせてくれますか？ ⁴ 日にちが決まったら，私はいくつか素敵なサプライズを計画してあなたたちを手伝うつもりです。⁵ また，私が他の学生を招いてもよろしいですか？ ⁶ 過去6ヵ月間にわたって彼女とテニスをして本当に楽しい時間を過ごしたので，（送別会に）参加したいと思っているテニスチームの学生を何人か知っているのです。

よろしくお願いします，
アメリア

問1 ┃ 1 ┃ 正解 ②

The teacher wants you to ask Yasmin ┃ 1 ┃ .

先生はあなたたちに，ヤスミンに ┃ 1 ┃ を尋ねてほしいと思っている。

① what she would like to eat at the party　　彼女が送別会で何を食べたいか

② when she can attend the party　　彼女がいつ送別会に出席できるか

③ where she would like to have the party　　彼女がどこで送別会を開きたいか

④ who she would like to invite to the party　　彼女が誰を送別会に招待したいか

　問題文より，「ヤスミンに尋ねてほしい内容」を読み取れば良いことがわかる。3文目「ヤスミンにどの日が彼女にとって送別会に来るのに都合がいいかを聞いて，私に知らせてくれますか？」より，②が正解。本文と選択肢の「which day → when」「is convenient for her to come to → she can attend」という言い換えが理解できるかがポイント。

問2 ┃ 2 ┃ 正解 ①

The teacher would also like to invite ┃ 2 ┃ .

また，先生は ┃ 2 ┃ も招待したいと思っている。

① a few students who don't belong to the English club
英語クラブに所属していない数人の学生

② all the members of the English club and the tennis team
英語クラブとテニスチームのすべてのメンバー

③ some of Yasmin's other English teachers
ヤスミンの他の英語教師のうちの数人

④ students who want to study abroad in Malaysia
マレーシアに留学したいと思っている学生

　問題文から，「先生が（あなたたちの）他に招待したい人」を読み取れば良いことがわかる。5・6文目「また，私が他の学生を招いてもよろしいですか？…（送別会に）参加したいと思っているテニスチームの学生を何人か知っているのです。」より，①が正解。本文と選択肢の「some students from the tennis team → a few students who don't belong to the English club」という言い換えが理解できるかがポイント。

第1問 （配点 4）CEFR：A1 程度

A You are a member of the English club. The club meets every week to practice communicating in English. You have received an email from Inoue, the teacher who organizes the school festival.

From: Akira Inoue

Date: October 12

Subject: School Festival

Dear members of the English club,

I am pleased to announce the date of this year's school festival. The event will be held on November 4. The festival is our chance to show our work to the town. Could you talk together and decide what you would like to do this year?

In the past, the English club showed some excellent writing and did a play in English. Music and dancing are always popular. Please let me know what you plan to do and what I can do to help you get ready. Could you tell me your plans before the end of next week?

Best wishes,
Inoue

問 1　The teacher wants you to decide ☐ 1 ☐ .

　　① what your club will do at the festival

　　② when the festival will be

　　③ where the festival will be

　　④ which clubs will join the festival

問 2　The teacher would also like to know ☐ 2 ☐ .

　　① if you did your homework

　　② what your club did in the past

　　③ how he can help you

　　④ who is good at singing and dancing

〔オリジナル問題〕

第3回

第1問 Ａ

問題番号	問 1	問 2
解答欄	1	2
正解	①	③
配点	2	2

訳
問題文

　あなたは英語クラブのメンバーです。このクラブは英語でのコミュニケーションを練習するため毎週開かれます。あなたは学園祭を準備するイノウエ先生からＥメールを受け取りました。

送信者：アキラ　イノウエ

日付：10月12日

件名：学園祭

英語クラブのメンバーへ,
　今年の学園祭の日付を発表することができて嬉しく思います。このイベントは11月４日に開催されます。この学園祭は街の皆さんに私たちの活動を披露するチャンスです。みんなで話し合って,今年何をしたいか決めてもらえますか？
　過去に,当英語クラブは英語で優れた文学作品を披露し芝居をしました。音楽やダンスは常に人気です。皆さんが何をする予定か,また皆さんが準備するのを手伝うために私は何ができるかを知らせてください。来週末までに皆さんの計画を教えてくれますか？

よろしくお願いします,
イノウエ

訳 問題文の訳 ｜ 訳 設問と訳 ｜ 解説

第3回
第1問 A

問1　1　正解 ①

The teacher wants you to decide 1 .
先生はあなたたちに 1 を決めてほしいと思っている。

① what your club will do at the festival　あなたたちのクラブが学園祭で何をするのか
② when the festival will be　学園祭がいつなのか
③ where the festival will be　学園祭がどこなのか
④ which clubs will join the festival　どのクラブが学園祭に参加するのか

　問題文より，「英語クラブのメンバーに決めてほしい内容」を読み取れば良いことがわかる。4文目「みんなで話し合って，今年何をしたいか決めてもらえますか？」より，①が正解。

問2　2　正解 ③

The teacher would also like to know 2 .
また，先生は 2 を知りたいと思っている。

① if you did your homework　あなたたちが宿題をしたかどうか
② what your club did in the past　あなたたちのクラブが過去に何をしたのか
③ how he can help you　あなたたちをどのように手伝えるか
④ who is good at singing and dancing　歌やダンスが得意なのは誰か

　問題文から，「（問1の内容に加えて）先生が知りたがっている内容」を読み取れば良いことがわかる。7文目「皆さんが何をする予定か，また皆さんが準備するのを手伝うために私は何ができるかを知らせてください」より，③が正解。本文と選択肢の「what I（＝先生）can do to help you get ready → how he（＝先生）can help you」という言い換えが理解できるかがポイント。

MEMO

Part

2

短い文の読み取り

②

CEFR：A2程度

回	出典	問題の概要	問題文の語数※	小問	得点
第1回	2017年 試行調査 第1問 B	イベント告知のポスターから，必要な情報を読み取る。	280 words	3問	/6
第2回	2018年 試行調査 第1問 B	姉妹都市との交流イベントの告知記事から，必要な情報を読み取る。	229 words	3問	/6
第3回	オリジナル 問題	交換留学の参加者募集のウェブサイトから，必要な情報を読み取る。	239 words	3問	/6

※設問は語数に含めない。

第1問　(配点 6) CEFR：A2 程度

B You are visiting a Japanese university during its open campus day. You have found a poster about an interesting event.

Open Campus Event

The Holiday Planning Research Club **HPRC**

HPRC Meeting for High School Students

What is the HPRC?

One of the greatest parts of university life is the lovely long holiday breaks. The Holiday Planning Research Club (HPRC) is run by Japanese and international students. Our club welcomes students from all years and from every department. Our purpose is to help each other make interesting holiday plans.

Date: Saturday, October 27 from 2:00 until 3:30 p.m.

Place: The Independent Learning Center

Event: Four students will tell you about their own recent experiences during their vacations. See the table below for outlines of the presentations.

Speaker	Description	Location
1. Mary MacDonald Department of Agriculture	∗ Did hard work in rice and vegetable fields ∗ No cost to live with a host family	A farm in Ishikawa Prefecture
2. Fumihiro Shimazu Department of Japanese Language and Culture	∗ Prepared teaching materials for a Japanese language teacher ∗ Paid his own airfare and insurance	A primary school in Cambodia
3. Risa Nishiura Department of Tourism	∗ Assisted foreign chefs with cooking and translation ∗ Good pay	A Spanish restaurant in Tokyo
4. Hiroki Kobayashi Department of Education	∗ Taught judo ∗ Free airfare and room	A junior Olympic training camp in Bulgaria

---

Message for University Students

Join Us as a Speaker at the December HPRC Meeting!

You have a total of 12 minutes. Your talk, in English, should be about 8 minutes. Please prepare slides with photos. After each talk, there is a 4-minute question period and the audience usually asks lots of questions. You can get more information on our website (http://www.hprc-student.net/).

問 1　The HPRC is organized and led by 1 .

① NGO staff

② students

③ teachers

④ university staff

問 2　You can learn from each of the four speakers about 2 .

① interesting courses in different departments of the university

② low-cost trips to other countries in the world

③ outside-of-class experiences during university breaks

④ volunteer work with children in developing countries

問 3　At the December meeting, the HPRC speakers should 3 .

① be ready to answer questions

② put their speech scripts on the website

③ speak in English and Japanese

④ talk for about 20 minutes

〔2017年試行調査〕

第1回

第1問 **B**

問題番号	問 1	問 2	問 3
解答欄	1	2	3
正解	②	③	①
配点	2	2	2

訳
問題文

　　　あなたはオープンキャンパスの日に，日本の大学を訪れています。あなたは興味深いイベントについてのポスターを見つけました。

休暇計画研究部　**HPRC**

オープンキャンパスイベント

高校生のための HPRC ミーティング

HPRC とは何か？

[1] 大学生活の最も素晴らしい部分の1つは，その長く素晴らしい休暇です。[2] 休暇計画研究部 (HPRC) は日本人学生と留学生によって運営されています。[3] 私たちの部は，すべての学年とすべての学部の学生を歓迎します。[4] 私たちの目的は，助け合って面白い休暇の計画を立てることです。

日付：　　10月27日　土曜日　午後2:00から3:30まで
場所：　　自立学習センター
イベント：4人の学生が休暇中の自身の最近の体験についてお話しします。プレゼンテーションの概要については下記の表をご覧ください。

講演者	説明	ロケーション
1. マリー・マクドナルド 農学部	＊田んぼや野菜畑での重労働 ＊ホストファミリーと生活する費用は無料	石川県の農場
2. フミヒロ・シマズ 日本語・日本文化学部	＊日本語教師のための教材の準備 ＊航空運賃と保険料は自費	カンボジアの小学校
3. リサ・ニシウラ 観光学部	＊外国人シェフの料理と通訳の補助 ＊良い給料	東京のスペインレストラン
4. ヒロキ・コバヤシ 教育学部	＊柔道を教えた ＊航空運賃と宿泊費は無料	ブルガリアの ジュニアオリンピック訓練所

大学生へのメッセージ

12月のHPRCミーティングに講演者として参加してください！
[1] 合計12分の持ち時間です。[2] 講演は英語で，約8分間となります。[3] 写真付きのスライドを用意してください。[4] 各講演の後で，4分間の質疑応答の時間があり，聴衆はたいていたくさんの質問をします。[5] 私たちのウェブサイトでより多くの情報を得ることができます（http://www.hprc-student.net/）。

問 1 1 正解 ②

The HPRC is organized and led by 1 .

HPRC は 1 によって組織され，率いられている。

① NGO staff　　　　　　　　　　NGO 職員
② students　　　　　　　　　　　学生
③ teachers　　　　　　　　　　　教師
④ university staff　　　　　　　　大学職員

　　"S be Vpp … by 行為主" 「S は 行為主 によって V される」より，「HPRC を組織し，率いている者」を読み取れば良いことがわかる。よって，ポスター上部の囲み「HPRC とは何か？」の 2 文目「休暇計画研究部（HPRC）は日本人学生と留学生によって運営されています」より，「日本人学生と留学生≒学生」「運営されている≒組織され，率いられている」の言い換えが可能な②が正解。

問 2 2 正解 ③

You can learn from each of the four speakers about 2 .

あなたは 4 人の講演者それぞれから 2 について学ぶことができる。

① interesting courses in different departments of the university　　大学の様々な学部の興味深い講義
② low-cost trips to other countries in the world　　世界の他の国々への低価格の旅
③ outside-of-class experiences during university breaks　　大学の休暇中の課外体験
④ volunteer work with children in developing countries　　発展途上国の子どもたちとのボランティア活動

　　設問から，「4 人の講演者に共通する話のテーマ＝何について話すのか」を読み取ることがわかる。よって，ポスター中部の「イベント：4 人の学生が休暇中の自身の最近の体験についてお話しします」より，「休暇中の体験≒大学の休暇中の課外体験」の言い換えが可能な③が正解。

問 3 3 正解 ①

At the December meeting, the HPRC speakers should 3 .

12 月のミーティングで，HPRC の講演者は 3 すべきだ。

① be ready to answer questions　　　　　　質問に答える準備をしておく
② put their speech scripts on the website　ウェブサイトに自分のスピーチ原稿をあげる
③ speak in English and Japanese　　　　　英語と日本語で話す
④ talk for about 20 minutes　　　　　　　約 20 分間話す

　　設問から，「12 月のミーティングの際に講演者が求められるもの」を読み取ることがわかる。ポスター下部の囲み「大学生へのメッセージ」から，講演者が求められるのは「英語での講演」「写真付きスライドの用意」「講演後の質疑応答への対応」の 3 つ。よって，その 1 つに関連する①が正解。

第1問 （配点 6）CEFR：A2 程度

B You visited your town's English website and found an interesting notice.

Call for Participants: Sister-City Youth Meeting
"Learning to Live Together"

Our town's three sister cities in Germany, Senegal, and Mexico will each send ten young people between the ages of 15 and 18 to our town next March. There will be an eight-day youth meeting called "Learning to Live Together." It will be our guests' first visit to Japan.

We are looking for people to participate: we need a host team of 30 students from our town's high schools, 30 home-stay families for the visiting young people, and 20 staff members to manage the event.

Program Schedule

March 20	Orientation, Welcome party
March 21	Sightseeing in small four-country mixed groups
March 22	Two presentations on traditional dance: (1) Senegalese students, (2) Japanese students
March 23	Two presentations on traditional food: (1) Mexican students, (2) Japanese students
March 24	Two presentations on traditional clothing: (1) German students, (2) Japanese students
March 25	Sightseeing in small four-country mixed groups
March 26	Free time with host families
March 27	Farewell party

- Parties and presentations will be held at the Community Center.
- The meeting language will be English. Our visitors are non-native speakers of English, but they have basic English-language skills.

To register, click **here** before 5 p.m. December 20.

▶▶International Affairs Division of the Town Hall

問 1 The purpose of this notice is to find people from the host town to ▢ 1 ▢ .

   ① decide the schedule of activities

   ② take part in the event

   ③ visit all of the sister cities

   ④ write a report about the meeting

問 2 During the meeting the students are going to ▢ 2 ▢ .

   ① have discussions about global issues

   ② make presentations on their own cultures

   ③ spend most of their time sightseeing

   ④ visit local high schools to teach languages

問 3 The meeting will be a good communication opportunity because all of the students will ▢ 3 ▢ .

   ① be divided into different age groups

   ② have Japanese and English lessons

   ③ speak with one another in English

   ④ stay with families from the three sister cities

〔 2018年試行調査 〕

第2回

第1問 [B]

問題番号	問 1	問 2	問 3
解答欄	1	2	3
正解	②	②	③
配点	2	2	2

訳
問題文

　あなたは自分の住む街の英語ウェブサイトにアクセスし，興味深い告知を見つけました。

参加者募集：姉妹都市青少年交流会

「共に生きることを学ぶ」

[1]¹ ドイツ，セネガル，メキシコにある我々の街の3つの姉妹都市が，それぞれ15歳から18歳までの10人の青少年を次の3月に我々の街へ派遣します。² 「共に生きることを学ぶ」という8日間の青少年交流会が開催されます。³ それは，我々の招待客にとって日本への初めての訪問となります。

[2]¹ 我々は参加者を募集しています。我々の街の高校の生徒30人から成る主催チーム，訪問してくる青少年のための30世帯のホームステイファミリー，そしてイベントを管理する20人のスタッフが必要です。

プログラムスケジュール

3月20日	オリエンテーション，歓迎会
3月21日	4ヵ国混合の少人数グループでの観光
3月22日	伝統舞踊についての2つのプレゼンテーション 　　（1）セネガルの学生，（2）日本の学生
3月23日	伝統的な食べ物についての2つのプレゼンテーション 　　（1）メキシコの学生，（2）日本の学生
3月24日	伝統的な衣服についての2つのプレゼンテーション 　　（1）ドイツの学生，（2）日本の学生
3月25日	4ヵ国混合の少人数グループでの観光
3月26日	ホストファミリーとの自由時間
3月27日	送別会

● 歓送迎会とプレゼンテーションはコミュニティセンターで開催されます。

● 交流会の言語は英語です。訪問客は英語を母語としていませんが，彼らは基本的な英語能力を持っています。

登録するには，12月20日午後5時までに ここ をクリックしてください。

▶▶市役所国際交流課

問1　1　正解②

The purpose of this notice is to find people from the host town to 　1　.
この告知の目的は主催都市から　1　人を見つけることである。

① decide the schedule of activities　　活動のスケジュールを決める
② take part in the event　　イベントに参加する
③ visit all of the sister cities　　すべての姉妹都市を訪問する
④ write a report about the meeting　　交流会についての報告書を書く

問題文から，「告知の目的→求めている対象人物」を読み取れば良いことがわかる。冒頭に「Call for Participants（参加者募集）」とあるため，②が正解となる。告知の場合は，冒頭に目的が書かれていることも少なくない。どの情報が，どの辺りに書かれているのかという構造パターンも一緒に身に付けたい。

問2　2　正解②

During the meeting the students are going to 　2　.
交流会の間，学生は　2　予定である。

① have discussions about global issues　　国際問題についての議論をする
② make presentations on their own cultures　　自分たちの文化についてプレゼンテーションを行う
③ spend most of their time sightseeing　　ほとんどの時間を観光に費やす
④ visit local high schools to teach languages　　言語を教えるために地元の高校を訪問する

問題文から，「交流会での学生の予定」を読み取れば良いことがわかる。よって，プログラムスケジュールに目を向ける。3月22・23・24日の3日間で，伝統舞踊・伝統的な食べ物・伝統的な衣服についてのプレゼンテーションが予定されているため，「伝統＝文化」と表現を置き換えた②が正解。また，プレゼンテーションに費やす時間が最も多いことから，③は「ほとんどの時間を」が該当せず不正解となる。

問3　3　正解③

The meeting will be a good communication opportunity because all of the students will 　3　.
その交流会は良いコミュニケーションの機会になるだろう。なぜならすべての学生は　3　からである。

① be divided into different age groups　　異なる年齢のグループに分けられる
② have Japanese and English lessons　　日本語と英語の授業を受ける
③ speak with one another in English　　英語で互いに話す
④ stay with families from the three sister cities　　3つの姉妹都市から来た家族と一緒に滞在する

問題文から，交流会が良いコミュニケーションの機会となる理由，すなわち「コミュニケーション能力に関するメリット」を読み取れば良いことがわかる。プログラムスケジュール下の「交流会の言語は英語です。・・・・・彼らは基本的な英語能力を持っています。」より，英語力の向上が期待できることが読み取れる。よって，③が正解。

第1問 （配点 6）CEFR：A2 程度

B You visited your university's website and found an interesting announcement.

Call for Participants: Japan-Canada Student Exchange

Every year, students from our university visit Canada to study and to join in local activities. For six weeks, participants learn English at a school in Ottawa and travel to nearby cities and natural areas to learn about Canadian culture and to have an adventure.

In Canada, you will stay with a host family so that you can enjoy local food and daily life. You will travel with Canadian students to practice English and make new friends.

This year, we will choose 30 students for the program. Students from any course can apply, but you must want to get better at English. You also need to get support from your parents and our university.

Program Schedule

Week	Activity
1	Arrive in Ottawa, attend a Welcome Party and meet your host family.
2	Join a trip to Montreal, a famous city with an exciting combination of French and North American culture.
3	Return to school in Ottawa, and learn how to cook famous Canadian dishes such as *poutine*.
4	After classes, learn ice-skating and watch an ice-hockey match at the Ottawa Arena.
5	Travel to Thousand Islands National Park for long walks, boat trips, and sleeping in the forest.
6	During the final week, we will prepare a Japanese cultural show for our hosts.

To apply, click **here** before 5 p.m. on December 20.

問 1 The purpose of the announcement is to find students who are interested in ☐ 1 ☐ .

① hosting 30 Canadian students

② joining an exchange program to Canada

③ studying French in Montreal

④ working in a national park

問 2 During the trip, the students will ☐ 2 ☐ .

① spend most of their time sightseeing

② stay in a hotel and cook French food

③ study English and learn ice-skating

④ teach Japanese language and baseball

問 3 The trip will be a good communication opportunity because ☐ 3 ☐ .

① all the students will be staying with local host families

② many people in Canada want to learn Japanese

③ most Canadian people speak French and English

④ the Canadian students will prepare a cultural show

〔 オリジナル問題 〕

第3回

第1問 B

問題番号	問1	問2	問3
解答欄	1	2	3
正解	②	③	①
配点	2	2	2

訳
問題文

あなたは大学のウェブサイトにアクセスし，興味深い案内を見つけました。

参加者募集：日本-カナダ交換留学

¹毎年，本大学から学生がカナダを訪れ，勉強したり地域の活動に参加したりしています。²6週間，参加者はオタワの学校で英語を学び，近くの都市や自然の豊かな地域を訪れ，カナダの文化について学び，冒険をします。

¹カナダでは，地元の食べ物や日常生活を堪能できるようホストファミリー宅に滞在します。²カナダ人学生と旅行して，英語を練習したり新しい友達を作ったりすることができます。

¹今年，本プログラムに30名の学生を選出します。²どの学科の学生も応募できますが，英語を上達させる意欲がなければなりません。また，ご両親や大学からの支援を得る必要もあります。

プログラムスケジュール

週	活動
1	オタワに到着，歓迎パーティーに参加しホストファミリーに会います。
2	モントリオールへの旅行に参加，ここはフランスと北アメリカの文化が刺激的に融合する有名な都市です。
3	オタワの学校に戻り，プーティンなど有名なカナダ料理の調理法を学びます。
4	授業の後，アイススケートを学び，オタワアリーナにてアイスホッケーの試合を観戦します。
5	サウザンド・アイランズ国立公園へ行き，散策，ボートこぎ，そして森の中での宿泊をします。
6	最終週はホストファミリーの皆さんに向けた日本文化の披露の準備をします。

応募するには12月20日午後5時までに**ここ**をクリックしてください。

問1　1　正解②

The purpose of the announcement is to find students who are interested in　1　.
この案内の目的は，　1　に興味のある学生を見つけることである。

① hosting 30 Canadian students　　　　　カナダ人学生 30 名をもてなすこと
② joining an exchange program to Canada　カナダへの交換留学プログラムに参加すること
③ studying French in Montreal　　　　　モントリオールでフランス語を学ぶこと
④ working in a national park　　　　　　国立公園で働くこと

　　問題文から，「案内の目的→何に興味のある学生を見つけることか」を読み取れば良いことがわかる。冒頭に Call for Participants: Japan-Canada Student Exchange 「参加者募集：日本 - カナダ交換留学」とあるため，②が正解となる。案内の場合は，冒頭に目的が書かれていることも少なくない。どの情報が，どの辺りに書かれているのかという構造パターンも一緒に身に付けたい。

問2　2　正解③

During the trip, the students will　2　.
この旅行の間［交換留学中］，学生は　2　だろう。

① spend most of their time sightseeing　　自分たちの時間のほとんどを観光に費やす
② stay in a hotel and cook French food　　ホテルに滞在してフランス料理を作る
③ study English and learn ice-skating　　英語を学習し，アイススケートを学ぶ
④ teach Japanese language and baseball　　日本語と野球を教える

　　問題文から，「交換留学中の学生の予定」を読み取れば良いことがわかる。よって，プログラムスケジュールに目を向ける。4 週目の活動内容「授業の後，アイススケートを学び」より，③が正解。第 1 段落 2 文目「参加者はオタワの学校で英語を学び」より，「授業後＝英語の授業後」となる点に注意。①は「時間のほとんどを」が該当せず，②のフランス料理や，④の日本語と野球を教えることについてはスケジュールに記されていないため不正解となる。

問3　3　正解①

The trip will be a good communication opportunity because　3　.
この旅行［交換留学］はコミュニケーションの良い機会になるだろう。なぜなら　3　からである。

① all the students will be staying with local host families
　　全学生が地元のホストファミリー宅に滞在する

② many people in Canada want to learn Japanese

カナダの多くの人が日本語を学びたがっている

③ most Canadian people speak French and English

カナダ人の大半はフランス語と英語を話す

④ the Canadian students will prepare a cultural show

カナダ人の学生が文化を披露する準備をする

　問題文から，この交換留学が良いコミュニケーションの機会となる理由，すなわち「コミュニケーション技術に関するメリット」を読み取れば良いことがわかる。第2段落1文目「カナダでは，地元の食べ物や日常生活を堪能できるようホストファミリー宅に滞在します」より，ホストファミリー宅に滞在することで，「コミュニケーションが必須となる＝技術の向上が期待できること」が読み取れる。よって，**①**が正解。**②**・**③**・**④**はいずれも無記述である。

Part

3

レビューやレシピの
読み取り

CEFR：A1 程度

回	出典	問題の概要	問題文の語数※	小問	得点
第1回	2017年 試行調査 第2問 A	インターネット上のレストランのレビューを参考に，問題に答える。	280 words	4 問	/8
第2回	2018年 試行調査 第2問 A	インターネット上に掲載されたミートポテトパイのレシピとそのレビューを読み，問題に答える。	229 words	5 問	/10
第3回	オリジナル 問題	インターネット上に掲載されたフレンチバターケーキのレシピとそのレビューを読み，問題に答える。	239 words	5 問	/10

※設問は語数に含めない。

第2問　(配点　8)　CEFR：A1程度

A You are traveling abroad and trying to find places to eat on the Internet. The following are reviews of some restaurants written by people who have visited them.

Shiro's Ramen

★★★★☆　by Boots (3 weeks ago)
Best choice: *cha-shu* noodles.　Cheap, crowded & lots of noise.　Very casual.　Felt rushed while eating.　Open 5 p.m. ～ 6 a.m.

Annie's Kitchen

★★★☆☆　by Carrie (2 weeks ago)
Was in the mood for variety, and Annie's Kitchen did NOT disappoint.　The menu is 13 wonderful pages long with food from around the world.　Actually, I spent 25 minutes just reading the menu.　Unfortunately, the service was very slow.　The chef's meal-of-the-day was great, but prices are a little high for this casual style of restaurant.

Johnny's Hutt

★★★☆☆　by Mason (2 days ago)
The perfect choice when you want to eat a lot.　But you might need to wait for a bit.

★★★★★　by Roosevelt (5 days ago)
For a steak fan, this is the best!　The chef prepares steak dishes to suit any customer's taste.　My favorite was the Cowboy Plate—perfect!

★☆☆☆☆　by Ken-chan (2 weeks ago)
Sadly, below average, so won't be going back again.　The steak was cooked too long!　The fish dishes were also disappointing.

問 1　You would most likely visit Shiro's Ramen when you ⬚1⬚ .

① are looking for a quiet place to have a conversation

② have an empty stomach at midnight

③ need to have a formal meal

④ want to have a casual lunch

問 2　You would most likely visit Annie's Kitchen when you ⬚2⬚ .

① feel like eating outdoors

② have lots of free time

③ must have a quick breakfast

④ want to have cheap dishes

問 3　The opinions about Johnny's Hutt were all ⬚3⬚ .

① different

② favorable

③ negative

④ neutral

問 4　Based on the reviews, which of the following are facts, not personal opinions?　(You may choose more than one option.)　⬚4⬚

① Annie's Kitchen offers dishes from many countries.

② Johnny's Hutt is less crowded than Shiro's Ramen.

③ Johnny's Hutt serves some fish dishes.

④ The chef at Johnny's Hutt is good at his job.

⑤ The chef's meal-of-the-day is the best at Annie's Kitchen.

⑥ The menu at Annie's Kitchen is wonderful.

〔 2017年試行調査 〕

第1回

第2問 A

問題番号	問 1	問 2	問 3	問 4
解答欄	1	2	3	4
正解	②	②	①	①③
配点	2	2	2	2*

*は，全部を正しくマークしている場合のみ正解とする。

訳
問題文

あなたは海外旅行中で，インターネットで食事をする場所を見つけ出そうとしています。以下は，そこを訪れた人々によって書かれたレストランのレビューです。

シローズラーメン

★★★★☆　ブーツ（3週間前）

最善の選択：チャーシュー麺。安い，混んでいてうるさい。とてもカジュアル。食事中に急かされているように感じた。午後5時から午前6時まで開いている。

アニーズキッチン

★★★☆☆　キャリー（2週間前）

色々なものが食べたい気分だったので，アニーズキッチンにはがっかりしなかった。メニューは13ページにもわたる素晴らしいもので，世界中の食べ物が載っている。実際，私はメニューを読むだけで25分を費やした。残念ながら，料理が出てくるのはとても遅い。シェフの本日のおすすめは素晴らしかったが，このようなカジュアルなスタイルのレストランにしては値段が少し高い。

ジョニーズハット

★★★☆☆　メイソン（2日前）

たくさん食べたいときには完璧な選択。でも少し待たなければいけないかもしれない。

★★★★★　ルーズベルト（5日前）

ステーキファンにとっては，ここが一番！　シェフはどんな客の好みにも合うステーキ料理を用意する。私のお気に入りはカウボーイプレート，最高！

★☆☆☆☆　ケンちゃん（2週間前）

悲しいことに，平均以下で，それゆえにもう来ることはないだろう。ステーキは長く焼き過ぎ！　魚料理にもがっかりだった。

問 1　1　正解 ②

You would most likely visit Shiro's Ramen when you 　1　.

あなたが　1　とき，シローズラーメンに行く可能性が最も高いだろう。

① are looking for a quiet place to have a conversation
　会話をするために静かな場所を探している

② have an empty stomach at midnight
　深夜に空腹である

③ need to have a formal meal
　格式のある食事をする必要がある

④ want to have a casual lunch
　カジュアルな昼食をとりたい

　"when S V"「SがVするとき」に注目。すると「あなたがシローズラーメンに行く可能性が最も高いのは，どのようなときか」を読み取れば良いことがわかる。(シローズラーメンの) レビューのプラス面に着目すると「最善の選択：チャーシュー麺」「安い」「とてもカジュアル」「午後5時から午前6時まで開いている（時に行ける）」とある。よって，4番目の「午後5時から午前6時まで開いている→深夜に空腹である」と読み取れる②が正解。④は昼食時には開いていないので不正解。

問 2　2　正解 ②

You would most likely visit Annie's Kitchen when you 　2　.

あなたが　2　とき，アニーズキッチンに行く可能性が最も高いだろう。

① feel like eating outdoors　　　　　　屋外で食事をしたい

② have lots of free time　　　　　　　自由な時間がたくさんある

③ must have a quick breakfast　　　　素早く朝食をとらなければならない

④ want to have cheap dishes　　　　　安い食事をとりたい

　"when S V"「SがVするとき」に注目。すると「あなたがアニーズキッチンに行く可能性が最も高いのは，どのようなときか」を読み取れば良いことがわかる。まず，(アニーズキッチンの) レビューのプラス面として「世界中の食べ物が載っている」「シェフの本日のおすすめは素晴らしい」とあるが，設問には該当する選択肢がない。次に，マイナス面として「料理が出てくるのはとても遅い」「値段が少し高い」とあり，「料理が出てくるのはとても遅い→自由な時間がたくさんある（時に行く）」と読み取れる②が正解とわかる。

問 3 ┃ 3 ┃ 正解 ①

The opinions about Johnny's Hutt were all ┃ 3 ┃ .

ジョニーズハットについての意見はすべて ┃ 3 ┃ 。

① different 　　　違っていた
② favorable 　　好意的だった
③ negative 　　　否定的だった
④ neutral 　　　　中立だった

- -

　選択肢が文ではなく単語であることに注目。このような場合は，選択肢を先読みすると情報整理のポイントがつかみやすい。選択肢と設問「ジョニーズハットについての意見はすべて ┃ 3 ┃ 」から，意見の整理が必要だとわかる。メイソン，ルーズベルト，ケンちゃん 3 人の意見がそれぞれ異なれば①が正解となり，「全員の意見が同じ」場合は②・③・④のいずれかが正解となる。そこで（ジョニーズハットの）レビューの星の数に目を向けると，全員の意見が同じではないことがわかる。よって，①が正解。

問 4 ┃ 4 ┃ 正解 ①③

Based on the reviews, which of the following are facts, not personal opinions? (<u>You may choose more than one option.</u>) ┃ 4 ┃

レビューに基づくと，以下の選択肢のうちどれが個人的な意見ではなく事実か。(<u>複数選択可</u>)
┃ 4 ┃

① Annie's Kitchen offers dishes from many countries.
　アニーズキッチンは多くの国の料理を提供している。
② Johnny's Hutt is less crowded than Shiro's Ramen.
　ジョニーズハットはシローズラーメンよりも混んでいない。
③ Johnny's Hutt serves some fish dishes.
　ジョニーズハットは魚料理を提供している。
④ The chef at Johnny's Hutt is good at his job.
　ジョニーズハットのシェフは腕が良い。
⑤ The chef's meal-of-the-day is the best at Annie's Kitchen.
　アニーズキッチンでは，シェフの本日のおすすめが一番良い。
⑥ The menu at Annie's Kitchen is wonderful.
　アニーズキッチンのメニューは素晴らしい。

> ※試行調査では出題されましたが，試験本番では正解の数が不明となるこのタイプの出題はありません。
> 本番は，選択肢から答えを指定された数だけ選択する形式です。

44

解説

　設問より求められているのは「個人的な意見ではなく事実」であることに注目。個人的な意見を含まない①・②・③が解答の候補となる。①についてはアニーズキッチンのレビュー「世界中の食べ物が載っている」から世界中の料理を扱っていることがわかる。②については店の混雑状況の比較は書かれていない。③についてはケンちゃんのレビュー「魚料理にもがっかりだった」から魚料理の提供がうかがえる。よって，①と③が正解。④・⑤・⑥にはそれぞれ「good（良い）」「the best（一番良い）」「wonderful（素晴らしい）」といった個人的な意見が含まれ，解答の条件を満たさないため不正解。

第2問 （配点 10）CEFR：A1 程度

A You are a member of the cooking club at school, and you want to make something different. On a website, you found a recipe for a dish that looks good.

EASY OVEN RECIPES
Here is one of the top 10 oven-baked dishes as rated on our website. You will find this dish healthy and satisfying.

Meat and Potato Pie

Ingredients (serves about 4)

A	1 onion	2 carrots	500g minced beef
	🥄 × 2 flour	🥄 × 1 tomato paste	🥄 × 1 Worcestershire sauce
	🥄 × 1 vegetable oil	🥛 × 2 soup stock	salt & pepper
B	3 boiled potatoes	40g butter	
C	sliced cheese		

Instructions

Step 1: Make **A**
1. Cut the vegetables into small pieces, heat the oil, and cook for 5 minutes.
2. Add the meat and cook until it changes color.
3. Add the flour and stir for 2 minutes.
4. Add the soup stock, Worcestershire sauce, and tomato paste. Cook for about 30 minutes.
5. Season with salt and pepper.

Step 2: Make **B**
1. Meanwhile, cut the potatoes into thin slices.
2. Heat the pan and melt the butter. Add the potatoes and cook for 3 minutes.

Step 3: Put **A**, **B**, and **C** together, and bake
1. Heat the oven to 200℃.
2. Put **A** into a baking dish, cover it with **B**, and top with **C**.
3. Bake for 10 minutes. Serve hot.

Enjoy!

~~~~~~

REVIEW & COMMENTS

cooking@master *January 15, 2018 at 15:14*
This is really delicious! Perfect on a snowy day.

Seaside Kitchen *February 3, 2018 at 10:03*
My children love this dish. It's not at all difficult to make, and I have made it so many times for my kids.

問 1 This recipe would be good if you want to ☐ 1 .

① cook chicken for lunch

② eat something sweet

③ enjoy a hot dish on a cold day

④ prepare a quick meal without using heat

問 2 If you follow the instructions, the dish should be ready to eat in about ☐ 2 .

① half an hour

② one hour

③ twenty minutes

④ two to three hours

問 3 Someone who does not like raw carrots may eat this dish because ☐ 3 .

① carrots are not used

② many kinds of spices are used

③ the carrots are cooked

④ the carrots are very fresh

〔 2018 年試行調査 〕

問 4 According to the website, one **fact** (not an opinion) about this recipe is that it is ‎ 4 ‎ .

① highly ranked on the website

② made for vegetarians

③ perfect for taking to parties

④ very delicious

問 5 According to the website, one **opinion** (not a fact) about this recipe is that ‎ 5 ‎ .

① a parent made this dish many times

② it is easy to cook

③ it is fun to cook with friends

④ the recipe was created by a famous cook

問題番号	問 1	問 2	問 3	問 4	問 5
解答欄	1	2	3	4	5
正解	③	②	③	①	②
配点	2	2	2	2	2

あなたは学校の料理部のメンバーで，何か違うものを作りたいと思っています。ウェブサイトで，あなたは良さそうに見える料理のレシピを見つけました。

簡単なオーブンレシピ

ここには我々のウェブサイトでオーブンで焼く料理上位10品として評価された料理の1つが載っています。この料理は健康的で満足のいくものだと思うことでしょう。

ミートポテトパイ

材料（約4人前）

A	たまねぎ1個	にんじん2本	牛ひき肉500グラム
	🥄×小麦粉2さじ	🥄×トマトペースト1さじ	🥄×ウスターソース1さじ
	🥄×植物油1さじ	🧃×出し汁2カップ	塩・コショウ
B	ゆでたじゃがいも3個	バター40グラム	
C	スライスチーズ		

作り方

ステップ1：Aを作る

1. 野菜をみじん切りにし，油を熱して，5分間加熱する。
2. 肉を加えて色が変わるまで炒める。
3. 小麦粉を加え，2分間かき混ぜる。
4. 出し汁，ウスターソース，トマトペーストを加える。約30分間煮る。
5. 塩・コショウで味付けをする。

ステップ2：Bを作る

1. その間（Aを作る間）に，じゃがいもを薄切りにする。
2. フライパンを熱し，バターを溶かす。じゃがいもを加えて3分間炒める。

ステップ3：A, B, Cを合わせ，（オーブン）で焼く

1. オーブンを200度に温める。
2. Aを耐熱皿に入れ，Bでそれを覆い，Cをその上にのせる。
3. 10分間（オーブンで）焼く。熱いうちに食卓に出す。

Enjoy!

レビューとコメント

 cooking@master　*2018年1月15日15時14分*
これは本当においしい！ 雪の日にぴったり。

 Seaside Kitchen　*2018年2月3日10時03分*
子どもたちはこの料理が大好きです。作るのはまったく難しくなく，子どもたちのために何度もこれを作りました。

問1 　1　　正解 ③

This recipe would be good if you want to 　1　.
あなたが　1　したいなら，このレシピは良いだろう。

① cook chicken for lunch 　　　　　　　　昼食用に鶏肉を料理する
② eat something sweet 　　　　　　　　　　何か甘いものを食べる
③ enjoy a hot dish on a cold day 　　　　　寒い日に温かい料理を楽しむ
④ prepare a quick meal without using heat 　火を使わないで簡単な食事を準備する

　条件を表す "if S V"「S が V するならば」に注目。つまり，このレシピが適する条件を読み取ることがわかる。「作り方　ステップ3：3」の「熱いうちに食卓に出す」と，cooking@master のコメント「雪の日にぴったり」から，③が正解。昼食用とは記されておらず，また材料欄から使用する肉は牛ひき肉であることがわかるので①は不正解。味の詳細に関する記述はなく，「作り方　ステップ1：1」などで火を使用することがわかるので，②と④も不適。

問2 　2　　正解 ②

If you follow the instructions, the dish should be ready to eat in about 　2　.
作り方に従えば，料理は約　2　後に食べる準備ができるはずである。

① half an hour 　　　　　　30分
② one hour 　　　　　　　　1時間
③ twenty minutes 　　　　　20分
④ two to three hours 　　　　2時間から3時間

　問題文より，調理時間の合計を求めることがわかる。ステップ1では「5分・2分・約30分」，ステップ2では「3分」，ステップ3では「10分」の時間を要するが，ステップ2は「その間（A を作る間）に」とあることから，ステップ1と同時進行となる。よって，調理時間の合計はステップ2を除いた「5分＋2分＋約30分＋10分＝約47分」となり，他にも皿への盛りつけなどの時間も考慮すると，②が正解となる。

問3 　3　　正解 ③

Someone who does not like raw carrots may eat this dish because 　3　.
生のにんじんが好きでない人はこの料理を食べるかもしれない。なぜなら，　3　からである。

① carrots are not used 　　　　　　　にんじんは使われていない
② many kinds of spices are used 　　多くの種類のスパイスが使われている
③ the carrots are cooked 　　　　　　そのにんじんは加熱調理されている
④ the carrots are very fresh 　　　　そのにんじんはとても新鮮だ

問題文より，生のにんじんが好きではない人がこの料理を食べるかもしれない理由を読み取ることがわかる。「作り方　ステップ１：１」に「野菜をみじん切りにし，油を熱して，５分間加熱する。」とあるため，③が正解と考えられる。「carrots（にんじん）→vegetables（野菜）」のような，抽象的な表現への言い換えに注意。

問4　4　正解①

According to the website, one **fact**（not an opinion）about this recipe is that it is ____4____ .
ウェブサイトによれば，このレシピについての１つの**事実**（意見でない）は，このレシピは ____4____ ということである。

① highly ranked on the website　　　　ウェブサイトで上位にランク付けされている
② made for vegetarians　　　　　　　　ベジタリアンのために作られている
③ perfect for taking to parties　　　　　パーティーに持って行くのにぴったりである
④ very delicious　　　　　　　　　　　とてもおいしい

　問題文の「１つの事実（意見ではない）」に注目。よって，個人的な意見を含まない①・②が解答の候補となる。本文冒頭に「ここには我々のウェブサイトでオーブンで焼く料理上位10品として評価された料理の１つが載っています。」とあるため，それに該当する①が正解となる。②は，材料欄から牛ひき肉が使用されていることがわかるため事実と異なる。③・④はそれぞれ「perfect（ぴったり）」「delicious（おいしい）」といった個人的な意見が含まれ，解答の条件を満たさない点に注意。

問5　5　正解②

According to the website, one **opinion**（not a fact）about this recipe is that ____5____ .
ウェブサイトによれば，このレシピについての１つの**意見**（事実でない）は，____5____ というものである。

① a parent made this dish many times　　　ある親はこの料理を何度も作った
② it is easy to cook　　　　　　　　　　　作るのが簡単だ
③ it is fun to cook with friends　　　　　　友人と料理をするのは楽しい
④ the recipe was created by a famous cook　このレシピは有名な料理人によって考案された

　問題文の「１つの意見（事実でない）」に注目。よって，個人的な意見を表す「easy（簡単な）」や「fun（楽しい）」を含む②・③が解答の候補となる。意見が記されている「レビューとコメント」を見ると，Seaside Kitchenのコメントに「作るのはまったく難しくなく」とある。よって，「作るのがまったく難しくない＝作るのが簡単だ」となる②が正解。①・④はそれぞれ「過去の出来事＝事実」を述べる形であるため，解答の条件を満たさない点に注意。

第2問 (配点 10) CEFR：A1 程度

A Your English class is having a party, and you want to take something special. On a website, you found a recipe that looks good.

French Baking
These traditional cookie-cakes are light and delicious. French king Charles X loved the sweet taste.

French Butter Cakes (Madeleines)
Ingredients (makes 12 cakes)

A	2 eggs 🥄 × ¾ vanilla extract	🥄 × ⅛ salt	🥄 × ⅓ white sugar
B	🥛 × ½ all-purpose flour	🥄 × 2 lemon peel	🥛 × ¼ butter
C	🥛 × ⅓ granulated sugar for decoration		

Instructions

Step 1: Preparation

1. Heat the oven to 190℃.
2. Rub some butter into a Madeleine tray with space for 12 × 8cm cakes.
3. Add a little flour to the Madeleine tray.

Step 2: Make A

1. Mix the eggs, vanilla extract, and salt.
2. Slowly add the sugar while mixing.
3. Stir quickly until the mixture is smooth and thick, then let it settle for 5 minutes.

Step 3: Add B to A

1. Slowly add the flour. Fold the mixture to keep the air inside. This should take around 5 minutes.
2. Heat the butter so that it melts.
3. Add lemon peel and melted butter. Fold the mixture to keep the air inside and wait 5 minutes.
4. Put the mixture into the Madeleine tray.

Step 4: Cooking and presentation

1. Bake for 14 – 17 minutes, until the cakes are a golden brown.
2. Use a knife to gently take the cakes out of the tray.
3. Sprinkle the warm cakes with granulated sugar. It's best to eat the cakes on the same day.

~~~~~~

REVIEW & COMMENTS

new2cooking   *July 18, 2019 at 10:15*
I am a real beginner, but I had no trouble with this easy recipe.

proust_cake   *August 3, 2019 at 18:48*
These are the best Madeleines I have ever made. They are delicious, light and perfect.

問 1　This recipe will be good if you want to ☐ 1 ☐ .

① eat something sweet

② have a healthy breakfast

③ lose weight

④ prepare a meal for a hungry group

問 2　If you follow the instructions, the cakes should be ready to eat in about ☐ 2 ☐ .

① fifteen minutes

② half an hour

③ one and a half hours

④ two hours

問 3　Someone who likes healthy food may not want to eat these cakes because ☐ 3 ☐ .

① there are a lot of vegetables

② there is a lot of fat and sugar

③ there is a lot of fruit

④ a royal family loved the baked goods

〔 オリジナル問題 〕

問 4 According to the website, one **fact** (not an opinion) about this recipe

is that ☐ 4 ☐ .

① these cakes are delicious

② these cakes are difficult to make

③ these cakes were popular with a French king

④ you do not need an oven to make these cakes

問 5 According to the website, one **opinion** (not a fact) about this recipe is

that ☐ 5 ☐ .

① these cakes are a lot of trouble to make

② you should eat these cakes soon after cooking

③ you should melt the butter before adding it

④ you shouldn't get air into the mixture

第3回

第2問 A

問題番号	問 1	問 2	問 3	問 4	問 5
解答欄	1	2	3	4	5
正解	①	②	②	③	②
配点	2	2	2	2	2

訳
問題文

　　　英語の授業でパーティーがあり，あなたは何か特別なものを持って行きたいと考えています。ウェブサイト上で良さそうなレシピを見つけました。

フランスの焼き菓子

¹この伝統的なクッキー風ケーキは軽くておいしいです。²フランス王のシャルル10世もこの甘い風味を愛していました。

フレンチバターケーキ（マドレーヌ）

材料（12個分）

A	卵…2個　バニラエッセンス…スプーン¾杯　　塩…スプーン⅛杯　　白砂糖…スプーン⅓杯
B	中力粉…½カップ　レモンの皮…スプーン2杯　バター…¼カップ
C	飾り用グラニュー糖…⅓カップ

作り方

ステップ1：準備

1. オーブンを190℃に温める。
2. 8cmのマドレーヌ12個用のマドレーヌ型にバターを塗る。
3. 少量の中力粉をマドレーヌ型に振りかける。

ステップ2：Aを作る

1. 卵，バニラエッセンス，塩を混ぜる。
2. かき混ぜながら砂糖を少しずつ加える。
3. 生地が滑らかでもったりするまで素早く混ぜ，5分寝かせる。

ステップ3：AにBを加える

1. 中力粉をゆっくりと加える。空気を含んだ状態を保つため，生地を切るように混ぜる。これには約5分かかる。
2. バターを熱し溶かす。
3. レモンの皮と溶かしたバターを加える。空気を含ませて生地を切るように混ぜ，5分寝かせる。
4. 生地をマドレーヌ型に流す。

ステップ4：加熱と飾り付け

1. マドレーヌが黄金色になるまで14〜17分間焼く。
2. ナイフを使ってマドレーヌを型からそっと外す。
3. 温かいマドレーヌの上にグラニュー糖を振りかける。その日のうちに召し上がるのが一番おいしいです。

〜〜〜〜〜〜〜〜〜〜〜〜〜〜〜〜〜〜〜〜〜〜〜〜〜〜〜〜〜〜

レビューとコメント

 new2cooking　*2019年7月18日10時15分*
私はまったくの初心者ですが，この簡単なレシピで何の問題もありませんでした。

 proust_cake　*2019年8月3日18時48分*
これは私が今まで作ってきた中で最高のマドレーヌです。おいしく，軽く，完璧です。

問1 1 正解 ①

This recipe will be good if you want to 1 .
あなたが 1 ことがしたいなら，このレシピは良いだろう。

① eat something sweet   何か甘いものを食べる
② have a healthy breakfast   ヘルシーな朝食をとる
③ lose weight   体重を落とす
④ prepare a meal for a hungry group   お腹をすかせた集団に食事を用意する

　条件を表す「if Ｓ Ｖ（ＳがＶするならば）」に注目。つまり，「このレシピが適する条件≒この焼き菓子の特徴」を読み取ることがわかる。本文冒頭「この伝統的なクッキー風ケーキは軽くておいしいです。・・・・・この甘い風味を愛していました」より，この焼き菓子は「軽い」「甘い」などの特徴を持つことがわかる。よって，①が正解。

問2 2 正解 ②

If you follow the instructions, the cakes should be ready to eat in about 2 .
作り方に従えば，このケーキは約 2 のうちに食べる準備ができるはずである。

① fifteen minutes   15分
② half an hour   30分
③ one and a half hours   1時間半
④ two hours   2時間

　問題文より，調理時間の合計を求めることがわかる。ステップ2では「5分」，ステップ3では「約5分・5分」，ステップ4では「14〜17分」の時間を要するため，「5分＋約5分＋5分＋14〜17分＝約30分」となり，他の作業にかかる時間も考慮すると，②が正解と判断できる。

問3 3 正解 ②

Someone who likes healthy food may not want to eat these cakes because 3 .
健康食を好む人はこのケーキを食べたがらないかもしれない。なぜなら， 3 からである。

① there are a lot of vegetables   野菜を多く含む
② there is a lot of fat and sugar   脂肪と砂糖を多く含む
③ there is a lot of fruit   果物を多く含む
④ a royal family loved the baked goods   とある王族がその焼き菓子を愛した

問題文より，「健康食を好む人がこのケーキを食べたがらないかもしれない理由→このケーキの健康的ではない部分」を読み取れば良いことがわかる。よって，大量摂取が健康に悪影響を及ぼす**②**が正解と考えられる。「butter（バター）→fat（脂肪）」のような，抽象的な表現への言い換えに注意。

問4　[4]　正解 ③

According to the website, one **fact** (not an opinion) about this recipe is that [4].
ウェブサイトによれば，このレシピについての1つの**事実**（意見ではない）は [4] というものである。

① these cakes are delicious　　　　　このケーキはおいしい
② these cakes are difficult to make　　このケーキは作るのが難しい
③ these cakes were popular with a French king　このケーキはあるフランス王に人気があった
④ you do not need an oven to make these cakes　このケーキを作るのにオーブンは必要ない

　設問の「1つの事実（意見ではない）」に注目。よって，個人的な意見を含まない③・④が解答の候補となる。本文冒頭の2文目「フランス王のシャルル10世もこの甘い風味を愛していました」より，③が正解となる。④はステップ1でオーブンを温め，ステップ4で使用しているため事実と異なる。①・②はそれぞれ「delicious（おいしい）」「difficult（難しい）」といった個人的な意見が含まれ，解答の条件を満たさない点に注意。

問5　[5]　正解 ②

According to the website, one **opinion** (not a fact) about this recipe is that [5].
ウェブサイトによれば，このレシピについての1つの**意見**（事実ではない）は，[5] というものである。

① these cakes are a lot of trouble to make　　このケーキは作るのがとても大変である
② you should eat these cakes soon after cooking　このケーキは調理後すぐに食べるべきである
③ you should melt the butter before adding it　バターを加える前に溶かすべきである
④ you shouldn't get air into the mixture　　生地に空気を含ませるべきではない

　設問の「1つの意見（事実ではない）」に注目。よって，材料や調理工程などの事実ではなく，レビューとコメントや本文中の「delicious（おいしい）」「best（一番おいしい）」のような意見を示す表現に注目する。すると，ステップ4の最後に「その日のうちに召し上がるのが一番おいしいです」とある。よって，あまり時間を空けずに消費することをすすめる②が正解。

記事とコメントの
読み取り

CEFR：A2程度

回	出典	問題の概要	問題文の語数※	小問	得点
第1回	2017年 試行調査 第2問 B	学生がアルバイトをすることについての記事を読み，ディベートの準備をする場面を想定し，その概要や要点をとらえ，書き手の意見を把握する。	280 words	5問	/10
第2回	2018年 試行調査 第2問 B	学校における生徒の携帯電話使用についての記事とコメントを読み，ディベートの準備をする場面を想定し，その概要や要点をとらえ，書き手の意見を把握する。	229 words	5問	/10
第3回	オリジナル 問題	男子と女子が同じチームでスポーツをすることについての記事とコメントを読み，レポートの準備をする場面を想定し，その概要や要点をとらえ，書き手の意見を把握する。	239 words	5問	/10

※設問は語数に含めない。

第2問 （配点　10）CEFR：A2 程度

B　You are going to have a debate about students working part-time. In order to prepare for the debate, your group is reading the article below.

Students and Part-Time Jobs

According to a recent survey, about 70% of Japanese high school and university students have worked part-time. The survey also reports that students have part-time jobs because they need money for going out with their friends, buying clothes, and helping their families financially. Even with such common reasons, we should consider the following question: Is it good or bad for students to work part-time?

Some people believe that students learn several things from working part-time. They come to understand the importance and difficulty of working as well as the value of money. Moreover, they learn how to get along with people. Students can improve their communication skills and gain confidence.

Others think that there are negative points about students working part-time. First, it may harm their studies. Students who work too hard are so tired during class that they might receive poor grades in school. Second, it seems difficult for students to balance work and school. This could cause stress. Third, students may develop negative views of work itself by working too much. They may become less motivated to work hard after graduation.

What do you think? In my view, part-time work is not always bad for students. My point is that students shouldn't do too much part-time work. Research suggests that if students work part-time over 20 hours a week, they will probably have some of the negative experiences mentioned above.

問 1　In the survey mentioned in the article, the students were asked, "　1　"

① Have you ever worked part-time abroad?

② How much money per week do you make working part-time?

③ What kind of part-time jobs would be good for you?

④ Why do you work part-time?

問 2　Your group wants to collect opinions **supporting** students working part-time. One such opinion in the article is that students　2　.

① can become good communicators

② mostly have worked part-time

③ will have a better chance of getting a full-time job

④ will learn how to dress appropriately

問 3　Your group wants to collect opinions **opposing** students working part-time. One such opinion in the article is that students　3　.

① cannot be helpful in the workplace

② might perform poorly in class

③ should spend more time with their family

④ work part-time to buy what they want

問 4　If students work over 20 hours a week, they may　4　.

① begin to feel they need a well-paid job

② continue to work hard at part-time jobs

③ lose interest in working hard after leaving school

④ want to be independent of their families

問 5　The writer of this article　5　students working part-time.

① does not have any particular opinion about

② partly agrees with

③ strongly agrees with

④ strongly disagrees with

〔2017年試行調査〕

問題番号	問 1	問 2	問 3	問 4	問 5
解答欄	1	2	3	4	5
正解	④	①	②	③	②
配点	2	2	2	2	2

訳
問題文

あなたは，学生がアルバイトをすることについて討論をする予定です。討論の準備をするために，あなたのグループは以下の記事を読んでいるところです。

学生とアルバイト

[1] ¹最近の調査によると，日本の高校生と大学生の約70%がアルバイトをしたことがある。²その調査は学生は友人と出かけたり，服を購入したり，自分の家族を経済的に助けたりするためにお金を必要としているので，アルバイトをしていることも報告している。³そのような一般的な理由があってもなお，私たちは以下の問を検討すべきである。学生にとってアルバイトをすることは良いことか悪いことか？

[2] ¹学生はアルバイトをすることからいくつかのことを学んでいると考える人もいる。²学生はお金の価値だけでなく，働くことの重要性や難しさを理解するようになる。³さらに，彼らは人と上手くやっていく方法を学ぶ。⁴学生は自らのコミュニケーション能力を高め，自信を得ることができる。

[3] ¹学生がアルバイトをすることには良くない点があると考える人もいる。²第一に，アルバイトをすることは，彼らの学業に害を及ぼすかもしれない。³懸命に働きすぎる学生は授業中とても疲れているので，学校で悪い成績を取るかもしれない。⁴第二に，仕事と学校のバランスを取ることは，学生にとって難しいように思える。⁵これはストレスを引き起こし得る。⁶第三に，働きすぎで，学生は働くこと自体に否定的な考えを抱くようになるかもしれない。⁷彼らは卒業後，懸命に働く意欲を減退させてしまうかもしれない。

[4] ¹あなたはどう考えますか？²私の考えでは，アルバイトは学生にとって必ずしも悪いものではない。³私が言いたいのは，学生はアルバイトをしすぎるべきではないということだ。⁴週20時間を超えてアルバイトをする場合，学生はおそらく上で述べたような良くない経験をいくつかするだろうと研究は示している。

問1 　1　　正解 ④

In the survey mentioned in the article, the students were asked, " 　1　 "

記事で言及されている調査において，学生たちは「　1　」と質問された。

① Have you ever worked part-time abroad?
あなたはこれまでに海外でアルバイトをしたことがありますか？

② How much money per week do you make working part-time?
あなたはアルバイトで週あたりいくら稼いでいますか？

③ What kind of part-time jobs would be good for you?
どのようなアルバイトがあなたにとって良いですか？

④ Why do you work part-time?
なぜあなたはアルバイトをするのですか？

　設問の「学生たちは　1　と質問された」から，学生たちが質問された内容を読み取る問題，または学生の回答から質問を推測する問題のいずれかだと判断できる。また，「調査において」から，この設問は調査内容が記された第1段落から解答できることがわかる。1文目では，調査により「アルバイトの経験を持つ日本の学生の割合」が，2文目では「学生がアルバイトをする理由」が読み取れる。よって，2文目の回答につながる④が質問されたとわかる。

問2 　2　　正解 ①

Your group wants to collect opinions **supporting** students working part-time. One such opinion in the article is that students 　2　 .

あなたのグループは学生がアルバイトすることを**支持する**意見を集めたいと思っている。記事におけるそのような意見の1つは，学生は　2　というものだ。

① can become good communicators
コミュニケーションが上手い人になることができる

② mostly have worked part-time
たいていアルバイトの経験がある

③ will have a better chance of getting a full-time job
正規の仕事を得る可能性がよりあるだろう

④ will learn how to dress appropriately
適切な身だしなみを学ぶだろう

　「学生がアルバイトすることを支持する意見の1つ」を選ぶためには，アルバイトのメリットを説明している部分に着目すれば良いことがわかる。メリットは第2段落2～4文目に「お金の価値だけでなく，働くことの重要性や難しさを理解する」「人と上手くやっていく方法を学ぶ」「自らのコミュニケーション能力を高め，自信を得ることができる」と記されている。よって，4文目と同内容の①が正解。

問 3 　[3] 　正解 ②

Your group wants to collect opinions **opposing** students working part-time. One such opinion in the article is that students [3].

あなたのグループは，学生がアルバイトをすることに**反対する**意見を集めたいと思っている。記事におけるそのような意見の1つは，学生は[3]というものだ。

① cannot be helpful in the workplace 　　　　　　仕事場で役に立つことができない
② might perform poorly in class 　　　　　　　　授業で悪い成績をとるかもしれない
③ should spend more time with their family 　　　家族とより多くの時間を過ごすべきだ
④ work part-time to buy what they want 　　　　　自分が欲しいものを買うためにアルバイトをする

　　「学生がアルバイトをすることに反対する意見の1つ」を選ぶためには，アルバイトのデメリットを説明している部分に着目すれば良いことがわかる。デメリットは第3段落で「学業に害を及ぼす（学校で悪い成績を取る）可能性」「仕事と学校のバランスをとることが難しい（ストレスを引き起こし得る）可能性」「働きすぎで，働くこと自体に否定的な考えを抱く（卒業後，懸命に働く意欲を減退させてしまう）可能性」の3つが挙げられている。よって，その1つである②が正解。

問 4 　[4] 　正解 ③

If students work over 20 hours a week, they may [4].

学生が週20時間を超えて働くならば，彼らは[4]かもしれない。

① begin to feel they need a well-paid job
　給与の良い仕事が必要だと感じ始める
② continue to work hard at part-time jobs
　アルバイトで一生懸命働き続ける
③ lose interest in working hard after leaving school
　学校を出た後，一生懸命働くことへの興味を失う
④ want to be independent of their families
　家族から自立したいと思う

　　条件を表す「if S V（SがVするならば）」に注目。すると「学生が週20時間を超えて働く」という条件の場合，学生に何が起こり得るのかを読み取れば良いことがわかる。第4段落最終文「週20時間を超えてアルバイトをする場合，学生はおそらく上で述べたような良くない経験をいくつかするだろう」より，問3の解説に挙げたデメリットの1つが解答となることがわかる。よって，該当する③が正解となる。

問5　5　正解 ②

The writer of this article　5　students working part-time.

この記事の筆者は学生がアルバイトをすることに　5　。

① does not have any particular opinion about　　特定の意見を持っていない

② partly agrees with　　部分的に賛成している

③ strongly agrees with　　強く賛成している

④ strongly disagrees with　　強く反対している

　「この記事の筆者は学生がアルバイトをすることに　5　」と選択肢から，「学生のアルバイトに対する筆者の意見」を読み取れば良いことがわかる。第4段落第2・3文「私の考えでは，アルバイトは学生にとって必ずしも悪いものではない。私が言いたいのは，学生はアルバイトをしすぎるべきではないということだ」より，適度なアルバイトであれば筆者は賛成の立場であることがわかる。よって，②が正解。

第2問 （配点 10）CEFR：A2 程度

B Your English teacher gave you an article to help you prepare for the debate in the next class. A part of this article with one of the comments is shown below.

No Mobile Phones in French Schools

By Tracey Wolfe, Paris
11 DECEMBER 2017 • 4:07PM

The French government will prohibit students from using mobile phones in schools from September, 2018. Students will be allowed to bring their phones to school, but not allowed to use them at any time in school without special permission. This rule will apply to all students in the country's primary and middle schools.

Jean-Michel Blanquer, the French education minister, stated, "These days the students don't play at break time anymore. They are just all in front of their smartphones and from an educational point of view, that's a problem." He also said, "Phones may be needed in cases of emergency, but their use has to be somehow controlled."

However, not all parents are happy with this rule. Several parents said, "One must live with the times. It doesn't make sense to force children to have the same childhood that we had." Moreover, other parents added, "Who will collect the phones, and where will they be stored? How will they be returned to the owners? If all schools had to provide lockers for children to store their phones, a huge amount of money and space would be needed."

---

21 Comments

Newest

Daniel McCarthy 19 December 2017 • 6:11PM

Well done, France! School isn't just trying to get students to learn how to calculate things. There are a lot of other things they should learn in school. Young people need to develop social skills such as how to get along with other people.

問 1　According to the rule explained in the article, students in primary and middle schools in France won't be allowed to ⬚ **1** ⬚ .

① ask their parents to pay for their mobile phones

② bring their mobile phones to school

③ have their own mobile phones until after graduation

④ use their mobile phones at school except for special cases

問 2　Your team will support the debate topic, "Mobile phone use in school should be limited." In the article, one **opinion** (not a fact) helpful for your team is that ⬚ **2** ⬚ .

① it is necessary for students to be focused on studying during class

② students should play with their friends between classes

③ the government will introduce a new rule about phone use at school

④ using mobile phones too long may damage students' eyes

問 3　The other team will oppose the debate topic. In the article, one **opinion** (not a fact) helpful for that team is that ⬚ **3** ⬚ .

① it is better to teach students how to control their mobile phone use

② students should use their mobile phones for daily communication

③ the cost of storing students' mobile phones would be too high

④ the rule will be applied to all students at the country's primary and middle schools

〔 2018年試行調査 〕

問 4 In the 3rd paragraph of the article, "One must live with the times" means that people should [4].

① change their lifestyles according to when they live
② live in their own ways regardless of popular trends
③ remember their childhood memories
④ try not to be late for school

問 5 According to his comment, Daniel McCarthy [5] the rule stated in the article.

① has no particular opinion about
② partly agrees with
③ strongly agrees with
④ strongly disagrees with

問題番号	問1	問2	問3	問4	問5
解答欄	1	2	3	4	5
正解	④	②	③	①	③
配点	2	2	2	2	2

訳
問題文

　あなたの英語の先生が次の授業での討論の準備に役立つように，ある記事をあなたにくれました。この記事の一部とコメントの1つが以下に示されています。

フランスの学校での携帯電話禁止

トレイシー・ウォルフ，パリ

2017年12月11日・午後4時7分

[1] ¹ フランス政府は，2018年9月から，学校で生徒が携帯電話を使用することを禁止する。² 生徒は学校に携帯電話を持ってくることは許されるが，特別な許可がなければ，校内ではいかなる時でも携帯電話を使うことは許されない。³ この規則は国内の小学校と中学校のすべての生徒に適用される。

[2] ¹ フランスの文部大臣であるジャン＝ミシェル・ブランケールは，「近頃，生徒たちは休憩時間にもはや遊んだりしません。彼らは皆スマートフォンを眺めており，教育的観点からこれは問題です。」と述べた。² 彼はまた，「携帯電話は緊急の場合には必要とされるかもしれませんが，携帯電話の使用は何らかの形で管理されなければなりません。」と述べた。

[3] ¹ しかしながら，すべての親がこの規則に喜んでいるわけではない。² 数人の親は「人は時代とともに生きなければならない。我々が過ごした子ども時代と同じような子ども時代を子どもたちに強制することは意味を成さない。」と述べた。³ さらに，他の親は「誰が携帯電話を集め，どこでそれらは保管されるのか？　どのようにそれらを持ち主に返すのか？　子どもたちが携帯電話を保管するロッカーをすべての学校が提供しなければならないとすれば，莫大な費用とスペースが必要とされるだろう。」と付け加えた。

21件のコメント

最新

ダニエル・マッカーシー　2017年12月19日・午後6時11分

¹ よくやった，フランス！　² 学校はただ生徒たちに物事の計算の仕方を学ばせようとしているのではない。³ 学校で彼らが学ぶべきことは他にも数多くある。⁴ 若者は，他の人と上手くやっていく方法のような社会的なスキルを育む必要がある。

問1 　1 　正解 ④

According to the rule explained in the article, students in primary and middle schools in France won't be allowed to 　1 　.

この記事で説明されている規則によれば，フランスの小学校と中学校の生徒たちは 　1 　ことを許されないだろう。

① ask their parents to pay for their mobile phones
親に携帯電話料金を払ってもらうよう頼む

② bring their mobile phones to school
携帯電話を学校に持ってくる

③ have their own mobile phones until after graduation
卒業後まで自分自身の携帯電話を持つ

④ use their mobile phones at school except for special cases
特別な場合を除き，学校で携帯電話を使用する

　　問題文より，フランスの小学校と中学校の生徒たちが許されていないことを読み取れば良いとわかる。第1段落2・3文目「生徒は学校に携帯電話を持ってくることは許されるが，特別な許可がなければ，校内ではいかなる時でも携帯電話を使うことは許されない。この規則は国内の小学校と中学校のすべての生徒に適用される。」より，④が正解。

問2 　2 　正解 ②

Your team will support the debate topic, "Mobile phone use in school should be limited." In the article, one **opinion** (not a fact) helpful for your team is that 　2 　.

あなたのチームは，「学校での携帯電話の使用は制限されるべきだ。」という討論の議題を支持する予定である。記事において，あなたのチームに役立つ1つの**意見**（事実でない）は，　2 　というものだ。

① it is necessary for students to be focused on studying during class
生徒たちは授業中，勉強に集中することが必要である

② students should play with their friends between classes
生徒たちは休み時間に友達と遊ぶべきである

③ the government will introduce a new rule about phone use at school
政府は，学校での携帯電話の使用について新しい規則を導入する予定である

④ using mobile phones too long may damage students' eyes
長時間携帯電話を使いすぎることは，生徒たちの目を悪くするかもしれない

設問の「1つの意見（事実でない）」に注目。よって，個人的な意見を表す「necessary（必要な）」「should play（遊ぶべきである）」「may damage（損害を与えるかもしれない）」を含む①・②・④が解答の候補となる。第2段落2文目に文部大臣の意見として「彼らは皆スマートフォンを眺めており，教育的観点からそれ（生徒たちが休憩時間に遊ばないこと）は問題です」とあるため，②が正解。③は「政府の予定＝現時点での事実」を述べているため，解答の条件を満たさない点に注意。

問3　　3　　正解 ③

The other team will oppose the debate topic. In the article, one **opinion** (not a fact) helpful for that team is that 　3　 .

もう一方のチームは，その討論の議題に反対する予定である。記事において，そのチームに役立つ1つの**意見**（事実でない）は，　3　というものだ。

① it is better to teach students how to control their mobile phone use
　携帯電話の使用を制御する方法を生徒たちに教える方が良い

② students should use their mobile phones for daily communication
　生徒たちは日々のコミュニケーションに携帯電話を使用すべきだ

③ the cost of storing students' mobile phones would be too high
　生徒たちの携帯電話を保管する費用は高すぎるだろう

④ the rule will be applied to all students at the country's primary and middle schools
　その規則は国内の小学校と中学校のすべての生徒に適用される予定である

- -

　設問の「1つの意見（事実でない）」に注目。よって，個人的な意見を表す「better（より良い）」「should use（使用すべきだ）」「too high（高すぎる）」を含む①・②・③が解答の候補となる。第3段落最終文「子どもたちが携帯電話を保管するロッカーをすべての学校が提供しなければならないとすれば，莫大な費用とスペースが必要とされるだろう」より，③が正解。④は「規則適用の予定＝現時点での事実」を述べているため，解答の条件を満たさない点に注意。

問4　4　正解①

In the 3rd paragraph of the article, "One must live with the times" means that people should 　4　.

記事の第3段落で，「人は時代とともに生きなければならない」は，人が　4　べきだということを意味している。

① change their lifestyles according to when they live
生きている時代に応じてライフスタイルを変える

② live in their own ways regardless of popular trends
人気のある流行に関わりなく，自分のやり方で生きる

③ remember their childhood memories
子ども時代の思い出を覚えておく

④ try not to be late for school
学校に遅刻しないようにする

　第3段落該当箇所直後に「我々が過ごした子ども時代と同じような子ども時代を子どもたちに強制することは意味を成さない。」と続いているため，　4　には時代と共に過ごし方が変わることを意味する表現が入ると考えられる。よって，①が正解。

問5　5　正解③

According to his comment, Daniel McCarthy 　5　 the rule stated in the article.

コメントによると，ダニエル・マッカーシーは，記事で述べられた規則　5　。

① has no particular opinion about　　に関して特別な意見を持っていない
② partly agrees with　　　　　　　　に部分的に賛成している
③ strongly agrees with　　　　　　　に強く賛成している
④ strongly disagrees with　　　　　　に強く反対している

　問題文より，ダニエル・マッカーシーはその規則に対してどのような意見を持っているかを読み取れば良いことがわかる。コメントを見ると，「よくやった，フランス！」で始まり，最後まで規則を肯定する内容が続いている。よって，③が正解となる。

第2問 (配点 10) CEFR：A2 程度

[B] You are researching for an essay for your English class. You found the following article online with comments from other readers.

GIRLS & BOYS ON THE SAME TEAM

By Marina Hayden, New York
7 AUGUST 2019 • 4:35PM

Junior high schools across the country will start letting boys and girls play on the same sports teams from next month. Although elementary school teams have been mixed for the last 50 years, it has always been believed that it is best to separate boys and girls after age 11. However, new research shows that there are a number of benefits with having both boys and girls play sports together for longer.

According to Professor Jane Denson of the University of Chicago, playing sports together allows boys and girls to create friendships more often and to learn to respect each other. She says, "Playing sports together allows boys and girls to see each other as friends and equals. It's important that we help young people develop these ideas. If these views are formed during the teenage years, they will last for a lifetime."

However, some parents are concerned about the change. Tim Isaacs, whose daughter goes to Lupton Junior High School, told us, "I want my daughter to enjoy playing sports at school, and I'm worried that playing on the same team as boys won't be as much fun. The teachers will have to keep an eye out and make sure that everyone on the team can join in the games to develop their skills."

---

12 Comments

Newest

Bradley Benson 3 September 2019 • 10:07PM

I really don't think this is a good idea at all. Boys are much stronger than girls. If they play sports together, I think a lot of girls are going to get hurt. Boys and girls can learn to work together on other subjects; they don't need to play sports together as well.

問 1　According to the article, elementary school sports teams ☐ 1 ☐ .

① don't allow boys and girls to play together

② have allowed boys and girls to play together for many years

③ will never allow boys and girls to play together

④ will start allowing boys and girls to play together next month

問 2　Your team will support the debate topic, "Girls and boys should play on the same sports teams at school." In the article, one **opinion** (not a fact) helpful for your team is that ☐ 2 ☐ .

① boys and girls should be separated from age 11

② boys are generally stronger than girls and this can help

③ playing on the same team helps boys and girls to become friends

④ playing on the same team might be dangerous for girls

問 3　The other team will oppose the debate topic. In the article, one **opinion** (not a fact) helpful for that team is that ☐ 3 ☐ .

① girls are usually weaker than boys and need support

② girls won't enjoy playing on the same team as boys

③ teachers will have to make sure everyone benefits from playing together

④ there are several benefits of having both genders play sports together

第
3
回

第
2
問
Ⓑ

〔 オリジナル問題 〕

問 4　In the 3rd paragraph of the article, "keep an eye out" means that teachers should ☐ 4 ☐.

① pay attention

② look in two directions at once

③ protect their eyes

④ watch the sports games

問 5　According to his comment, Bradley Benson ☐ 5 ☐ the change discussed in the article.

① has no particular opinion about

② partly agrees with

③ partly disagrees with

④ strongly disagrees with

問題番号	問 1	問 2	問 3	問 4	問 5
解答欄	1	2	3	4	5
正解	②	③	②	①	④
配点	2	2	2	2	2

訳
問題文

　　あなたは英語の授業のレポートのために調査をしています。他の読者からのコメントが付いた以下の記事をオンラインで見つけました。

女子と男子が同じチームに

マリーナ ヘイデン, ニューヨーク
2019年 8月 7日・午後 4時35分

[1]¹全国の中学校が男子と女子が同じスポーツチームで競技することを，来月から許可し始める。²小学校のチームでは過去50年間男女混合にしてきたが，11歳以降は男女を分けるのが最善だと常に考えられてきた。³しかし，男子と女子の両者をより長い期間一緒にスポーツさせることに数多くの利点があると新しい研究で示されている。

[2]¹シカゴ大学のジェーン・デンソン教授によると，一緒にスポーツをすることで男子と女子は友情を築くことがより多くなり，互いを尊敬することを学ぶようになるという。²彼女は，「共にスポーツをすることで男子と女子はお互いを友達である，平等であると見なすようになる。若い世代がこうした考えを育めるよう私たちが支援することが大切だ。こうした考えが十代の間に形成されれば，一生にわたって続くだろう。」と語った。

[3]¹しかし，中にはこの変化を心配する親もいる。²ティム・アイザックスはラプトン中学校に通う娘を持つが，こう話してくれた。「娘には学校でスポーツをするのを楽しんでもらいたいが，私は男子と同じチームで競技するのはあまり楽しくないのではないかと心配している。先生は目を離さず，生徒の能力を高めるため，確実にチームの誰もが試合に参加できるようにしなければならなくなる。」

12件のコメント

最新

ブラッドリー・ベンソン　2019年9月3日・午後10時07分

¹これが良い考えだとはまったく思わない。²男子は女子よりもはるかに力がある。³もし彼らが一緒にスポーツをすれば，多くの女子が怪我をすることになると思う。⁴男子と女子は他の教科で協力することを学べるし，彼らは一緒にスポーツをする必要もない。

問1 1 正解 ②

According to the article, elementary school sports teams 1 .
この記事によると，小学校のスポーツチームは 1 。

① don't allow boys and girls to play together
　男子と女子が一緒に競技することを許可しない

② have allowed boys and girls to play together for many years
　何年もの間，男子と女子が一緒に競技することを許可してきた

③ will never allow boys and girls to play together
　男子と女子が一緒に競技することを決して許可しないだろう

④ will start allowing boys and girls to play together next month
　男子と女子が一緒に競技することを来月から許可し始める

　問題文より，「小学校のスポーツチーム」に関する情報を読み取れば良いことがわかる。第1段落2文目「小学校のチームでは過去50年間男女混合にしてきた」より，②が正解。「for the last 50 years（過去50年間）≒ for many years（何年もの間）」のような言い換えに注意。また，本文全体は「中学校」に関する内容となっているが，問われているのは「小学校のスポーツチーム」であることにも注意を払って解答したい。

問2 2 正解 ③

Your team will support the debate topic, "Girls and boys should play on the same sports teams at school." In the article, one **opinion** (not a fact) helpful for your team is that 2 .
あなたのチームは，「女子と男子は学校で同じスポーツチームで競技すべき」という討論の議題を支持する予定である。記事の中で，あなたのチームに役立つ1つの**意見**（事実ではない）は， 2 というものだ。

① boys and girls should be separated from age 11
　男子と女子は11歳以降は分けられるべきである

② boys are generally stronger than girls and this can help
　男子は通常女子より力があり，これが役立つ可能性がある

③ playing on the same team helps boys and girls to become friends
　同じチームで競技することは男子と女子が友達になるのに役立つ

④ playing on the same team might be dangerous for girls
　同じチームで競技することは女子にとって危険になり得る

第2段落2文目にシカゴ大学教授の意見として「共にスポーツをすることで男子と女子はお互いを友達である，平等であると見なすようになる」とあるため，③が正解。この設問では，①〜④のすべてを意見ととることができるが，①・④は議題に否定的意見であり，「討論の議題を支持する」という条件を満たさない点から考察すべき選択肢から外すことが可能。また②は男女の力の差が役立つ可能性を述べていることから，肯定的意見とも読み取れるが，後半が本文に記述がない。

問3　| 3 |　正解②

The other team will oppose the debate topic. In the article, one **opinion** (not a fact) helpful for that team is that | 3 | .

もう一方のチームは，その討論の議題に反対する予定である。記事の中で，そのチームに役立つ1つの**意見**（事実ではない）は，| 3 | というものだ。

① girls are usually weaker than boys and need support
　女子は通常男子より力が弱く支援が必要である

② girls won't enjoy playing on the same team as boys
　女子は男子と同じチームでは競技を楽しまない

③ teachers will have to make sure everyone benefits from playing together
　先生は確実に全員が共に競技することから利益を得るようにしなければならない

④ there are several benefits of having both genders play sports together
　男女共にスポーツをさせることにいくつかのメリットがある

　第3段落2文目前半のティム・アイザックスの意見「娘には学校でスポーツをするのを楽しんでもらいたいが，私は男子と同じチームで競技するのはあまり楽しくないのではないかと心配している」より，②が正解。③は第3段落2文目後半 make sure 以降の内容に注目。本文は「チームの誰もが試合に参加できること」だが，選択肢は「（チームの）全員が共に競技することから利益を得ること」とあるため内容が一致しない。また，④は議題に肯定的意見であり，「討論の議題に反対する」という条件を満たさない点から考察すべき選択肢から外すことが可能。①は本文に記述がない。

問 4 　 4 　 正解 ①

In the 3rd paragraph of the article, "keep an eye out" means that teachers should 　4　 .

記事の第3段落で,「目を離さない」は,先生が 　4　 べきことを意味している。

① pay attention 　　　　　　　　注意を払う

② look in two directions at once 　一度に二方向を見る

③ protect their eyes 　　　　　　彼らの目を保護する

④ watch the sports games 　　　　スポーツの試合を観る

　該当箇所直後のandに注目。「A and B」は「A ≒ B (AとBは同イメージの内容)」の関係になることが多い。「A = keep an eye out」「B = make sure that everyone on the team can join in the games to develop their skills (生徒の能力を高めるため,確実にチームの誰もが試合に参加できるようにしなければならなくなる ≒ 皆の参加を妨げないように注意を払う)」の関係より,①が正解と判断できる。他の選択肢と迷った人は該当箇所の前後にandがないか確認する習慣を。

問 5 　 5 　 正解 ④

According to his comment, Bradley Benson 　5　 the change discussed in the article.

コメントによると,ブラッドリー・ベンソンは,記事で議論されている変化について 　5　 。

① has no particular opinion about 　特別な意見を持っていない

② partly agrees with 　　　　　　部分的に賛成している

③ partly disagrees with 　　　　　部分的に反対している

④ strongly disagrees with 　　　　強く反対している

　問題文より,ブラッドリー・ベンソンはその変化に対してどのような意見を持っているかを読み取れば良いことがわかる。コメントを見ると,「これが良い考えだとはまったく思わない」で始まり,最後まで変化に対する否定的な内容が続いている。よって,④が正解となる。

ブログの
読み取り

CEFR：A1 程度

※設問は語数に含めない。

第3問 （配点 4） CEFR：A1 程度

A You want to visit a country called Vegetonia and you found the following blog.

My Spring Holiday on Tomatly Island
Sunday, March 23

I went with my family to a country named Vegetonia to visit Tomatly Island, which is located to the southwest of the main island of Vegetonia. The fastest way to get to Tomatly is to take an airplane from Poteno, but we took a ferry because it was much cheaper. It started to rain when we got to the island, so we visited an art museum and a castle. Then, we enjoyed a hot spring bath. In the evening, our dinner was delicious. Everything was so fresh!

Luckily, the next morning was sunny. We rented bicycles and had fun cycling along the coast. After that, we went fishing on the beach but we didn't catch anything. Oh well, maybe next time! In the evening, we saw a beautiful sunset and later on, lots of stars.

On the last day, we took a private taxi tour and the driver took us to many interesting places around the island. She also told us a lot about the nature and culture of the island. We had a great holiday, and as a result, I've become more interested in the beauty and culture of small islands.

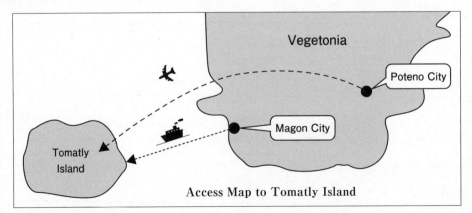

Access Map to Tomatly Island

問 1 The family went to Tomatly Island from ☐1☐ .

① Magon by air

② Magon by sea

③ Poteno by air

④ Poteno by sea

問 2 From this blog, you learned that ☐2☐ .

① the best month to visit Tomatly Island would be March because it is less crowded

② there are still some things you can enjoy on the island even if the weather is bad

③ you can enjoy various outdoor activities and local food at reasonable prices

④ you can join a bus tour around the island that explains the island's nature and culture

〔 2017年試行調査 〕

第1回

第3問 Ａ

問題番号	問 1	問 2
解答欄	1	2
正解	②	②
配点	2	2

訳
問題文

あなたはヴェジェトニアと呼ばれる国を訪れたいと思っていて，以下のブログを見つけました。

トマトリー島での私の春休み

3月23日　日曜日

[1] ¹私は，トマトリー島を訪れるために，家族と一緒にヴェジェトニアという名の国へ行きました。トマトリー島はヴェジェトニアの本島の南西に位置しています。²トマトリーへ最も速く行く方法はポテノから飛行機に乗ることですが，フェリーの方がはるかに安かったので，私たちはフェリーに乗りました。³私たちが島に到着したときに雨が降り始めたので，私たちは美術館と城を訪れました。⁴それから，私たちは温泉を楽しみました。⁵夕方には，夕食がおいしかったです。⁶すべてがとても新鮮でした！

[2] ¹幸運にも，翌朝は晴れていました。²私たちは自転車を借り，海岸に沿って楽しいサイクリングをしました。³その後，私たちは海辺へ釣りに行きましたが，何も釣れませんでした。⁴まぁいいでしょう，おそらく次回には！⁵夕方，私たちは美しい夕日を見て，その後にはたくさんの星を見ました。

[3] ¹最終日，私たちは個人タクシーツアーに参加し，運転手が私たちを島中のたくさんの興味深い場所へ連れて行ってくれました。²彼女はまた，その島の自然や文化について私たちにたくさんのことを教えてくれました。³私たちは素晴らしい休暇を過ごし，その結果，私は小さな島々の美しさや文化についてより興味を持つようになりました。

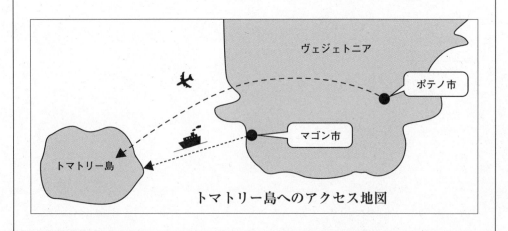

トマトリー島へのアクセス地図

問1 ___1___ 正解 ②

訳
設問

The family went to Tomatly Island from ___1___.

その家族は ___1___ からトマトリー島へ行った。

① Magon by air　　　　飛行機でマゴン

② Magon by sea　　　　船でマゴン

③ Poteno by air　　　　飛行機でポテノ

④ Poteno by sea　　　　船でポテノ

解説

　選択肢が文ではなく，統一された形式であることに注目。このような場合は，選択肢を先読みすると情報整理のポイントがつかみやすい。選択肢はすべて「地名＋交通手段」であるため，「家族がトマトリー島へ向かった出発地の名前と交通手段」を読み取れば良いことがわかる。第1段落2文目後半「フェリーの方がはるかに安かったので，<u>私たちはフェリーに乗りました</u>」より，交通手段は「フェリー＝船」であることがわかる。また，アクセス地図から船の出発地はマゴンであることがわかるので，②が正解となる。

問2 ___2___ 正解 ②

訳
設問

From this blog, you learned that ___2___.

このブログから，あなたは ___2___ とわかった。

① the best month to visit Tomatly Island would be March because it is less crowded
　他の月より混雑していないため，トマトリー島を訪れるのに最も良い月は3月だろう

② there are still some things you can enjoy on the island even if the weather is bad
　たとえ天気が悪くても，島で楽しむことができるものはまだいくつかある

③ you can enjoy various outdoor activities and local food at reasonable prices
　様々な野外活動と地元の食事を手頃な価格で楽しむことができる

④ you can join a bus tour around the island that explains the island's nature and culture
　島の自然や文化を説明してくれる，島をめぐるバスツアーに参加することができる

解説

　第1段落3・4文「私たちが島に到着したときに雨が降り始めたので，私たちは美術館と城を訪れました。それから，私たちは温泉を楽しみました」より，天気が悪くても島で楽しむことができることがわかる。よって，②が正解。①の混雑状況，③の野外活動と地元の食事の価格，④のバスツアーについては本文に記されていない。また，このタイプの問題は，選択肢を文章全体の情報と照らし合わせる必要があるため，時間を要することが多い。制限時間が足りなくなる場合は，後回しにするなど工夫したい。

第3問 （配点　4）CEFR：A1 程度

A You found the following story in a blog written by a female exchange student in your school.

School Festival

Sunday, September 15

　I went with my friend Takuya to his high school festival. I hadn't been to a Japanese school festival before. We first tried the ghost house. It was well-made, using projectors and a good sound system to create a frightening atmosphere.

　Then we watched a dance show performed by students. They were cool and danced well. It's a pity that the weather was bad. If it had been sunny, they could have danced outside. At lunch time, we ate Hawaiian pancakes, Thai curry, and Mexican tacos at the food stalls. They were all good, but the Italian pizza had already sold out by the time we found the pizza stall.

　In the afternoon, we participated in a karaoke competition together as both of us love singing. Surprisingly, we almost won, which was amazing as there were 20 entries in the competition. We were really happy that many people liked our

performance. We also enjoyed the digital paintings and short movies students made.

　I can't believe that students organized and prepared this big event by themselves. The school festival was pretty impressive.

問 1 At the school festival, 　1　 .

① most food at the stalls was sold out before lunch time

② the dance show was held inside due to poor weather

③ the ghost house was run without electronic devices

④ the karaoke competition was held in the morning

問 2 You learned that the writer of this blog 　2　 .

① enjoyed the ghost tour, the dance show, and the teachers' art works

② sang in the karaoke competition and won third prize

③ tried different dishes and took second place in the karaoke contest

④ was pleased with her dancing and her short movie about the festival

〔 2018年試行調査 〕

問題番号	問 1	問 2
解答欄	1	2
正解	②	③
配点	2	2

訳
問題文

あなたの学校の女子交換留学生が書いたブログで，あなたは以下の話を見つけました。

学園祭

9月15日　日曜日

[1] ¹ 私は友達のタクヤと，彼の高校の学園祭に行きました。² 私は日本の学園祭にこれまで行ったことがありませんでした。³ 私たちは最初にお化け屋敷に入ってみました。⁴ それはよくできていて，ぞっとさせる雰囲気作りのために，プロジェクターと良い音響システムを使っていました。

[2] ¹ それから私たちは生徒たちによるダンスショーを見ました。² 彼らはかっこ良く，上手に踊っていました。³ 天気が悪かったことが残念でした。⁴ 晴れていたなら，彼らは屋外で踊ることができたでしょう。⁵ 昼食時に，私たちは屋台でハワイアンパンケーキ，タイカレー，メキシカンタコスを食べました。⁶ それらはどれもおいしかったのですが，私たちがピザの屋台を見つけたときにはすでにイタリアンピザは売り切れていました。

[3] ¹ 午後に，二人とも歌うことが大好きなので，私たちは一緒にカラオケ大会に参加しました。² 驚いたことに，私たちはもう少しで優勝するところだったのです。大会には20組の参加者がいたので，それは信じられないことでした。³ 多くの人が私たちのパフォーマンスを気に

入ってくれたことを私たちはとても嬉しく思いました。⁴ 私たちはまた，生徒たちが作ったデジタル絵画や短編映画も楽しみました。

[4] ¹ 生徒たちが自分たちでこのような大きなイベントの段取りをつけ，準備したなんて私には信じられません。² 学園祭はかなり印象的でした。

問1　|1|　正解 ②

At the school festival, |　1　|.
学園祭では，|　1　|。

① most food at the stalls was sold out before lunch time
　昼食時間前に，屋台のほとんどの食べ物が売り切れていた

② the dance show was held inside due to poor weather
　天気が悪かったので，ダンスショーは屋内で行われた

③ the ghost house was run without electronic devices
　お化け屋敷は，電子機器を使わずに運営されていた

④ the karaoke competition was held in the morning
　カラオケ大会は午前中に開催された

　　第2段落3・4文目「天気が悪かったことが残念でした。晴れていたなら，彼らは屋外で踊ることができたでしょう」より，②が正解。"It's a pity that S V"「SがVして残念だ」のような構文や，仮定法 "If S_1 had V_1pp, S_2 could have V_2pp."「S_1がV_1していたら，S_2はV_2できただろう」のような文法の知識が問われている点に注意。また，設問からヒントが得られないこのような問題は，段落を1つ読み終えたら該当する選択肢がないかを確認すると良い。

問2　|2|　正解 ③

You learned that the writer of this blog |　2　|.
あなたはこのブログの筆者が|　2　|とわかった。

① enjoyed the ghost tour, the dance show, and the teachers' art works
　お化けツアー，ダンスショー，教員の芸術作品を楽しんだ

② sang in the karaoke competition and won third prize
　カラオケ大会で歌い，3位に入賞した

③ tried different dishes and took second place in the karaoke contest
　様々な料理を試し，カラオケ大会で2位になった

④ was pleased with her dancing and her short movie about the festival
　彼女のダンスと学園祭についての彼女の短編映画に満足した

　　第2段落5文目「昼食時に，私たちは屋台でハワイアンパンケーキ，タイカレー，メキシカンタコスを食べました」，第3段落1・2文目「私たちは一緒にカラオケ大会に参加しました。驚いたことに，私たちはもう少しで優勝するところだったのです」とイラストより，③が正解。「we almost won（私たちはもう少しで優勝するところでした＝1位ではなかったが2位か3位に入賞した）」という表現の正確な理解とイラストの情報を組み合わせて解答する点に注意。

第3問 （配点 4）CEFR：A1 程度

A A friend of yours is an exchange student in Japan. She shows you her website where she keeps a blog about her travels.

School Trip

February 12, 2019

Last week, my class went to Nagasaki. We took a bus for two hours. It was my first school trip in Japan and I was excited. In the morning, we visited the Peace Park in the city. It is a beautiful garden with lots of flowers. It is a special place for Japanese people to remember the war. It was beautiful, but I felt sad when I was there. Next, we went to Chinatown. The streets were so busy and noisy! We ate lunch in a big restaurant together. The table was so big, and there was lots of food. I like Chinese food, but my friend said there was too much oil.

After lunch, I wanted to sit and rest. We walked in a park on top of a hill. I wanted to see the city from the hill, but it was too cloudy. There were some old houses in the park, but they weren't very interesting. Later, we walked near the sea. I ate an ice cream and got more energy. Some people were doing a show on the street. They played music and danced, which was fun to see. I danced with my friends and we laughed. Finally, we got on the bus again. Most people were very tired. On the ride home I looked at the day's photographs with my friends.

問 1　On the school trip, the students 　1　.

① visited the Peace Park and laughed

② walked on a hill and took photographs of the city

③ went downtown to have a big meal

④ went to the sea to swim

問 2　You learned that the writer of this blog 　2　.

① doesn't like Chinese food

② doesn't enjoy looking at old houses

③ doesn't like to dance

④ went to sleep on the bus

〔 オリジナル問題 〕

第3回

第3問 A

問題番号	問 1	問 2
解答欄	1	2
正解	③	②
配点	2	2

あなたの友達の一人は日本にいる交換留学生です。彼女はあなたに自分の旅行に関するブログのウェブサイトを見せます。

修学旅行

2019年 2月12日

[1] ¹先週，私のクラスは長崎に行きました。²私たちは2時間バスに乗りました。³私にとって日本で初めての修学旅行でわくわくしました。⁴午前中，私たちは街の中にある平和公園を訪れました。⁵多くの花が咲く美しい庭園です。⁶日本人が戦争を覚えておくための特別な場所です。⁷美しいですが，そこにいると悲しくなりました。⁸次に，中華街に行きました。⁹通りはとても混んでいて騒々しかったです！  ¹⁰みんなで一緒に大きなレストランで昼食をとりました。¹¹テーブルがとても大きくて，料理がたくさんありました。¹²私は中華料理が好きですが，友達は油っぽすぎると話していました。

[2] ¹昼食の後，私は座って休みたくなりました。²私たちは丘の上の公園を歩きました。³丘から街を見てみたかったのですが，あまりに曇っていました。⁴公園には昔の家が何軒かありましたが，あまり面白くなかったです。⁵その後，海の近くを歩きました。⁶私はアイスクリームを食べてエネルギー補給をしました。⁷通りでショーをしている人もいました。⁸彼らは音楽を演奏したり踊ったりしていて，これは見ていて楽しかったです。⁹私は友達と踊って笑い合いました。¹⁰最後に，バスにまた乗りました。¹¹ほとんどの人がとても疲れていました。¹²帰宅する車上で，友達とその日の写真を見ました。

問1　1　正解 ③

On the school trip, the students 　1　.
修学旅行で，学生たちは　1　。

① visited the Peace Park and laughed　　　平和公園を訪れて笑った
② walked on a hill and took photographs of the city　丘の上を歩き，街の写真を撮った
③ went downtown to have a big meal　　　繁華街へ行き十分な食事をとった
④ went to the sea to swim　　　海へ行って泳いだ

　まず，第1段落8・9文目「次に，中華街に行きました。通りはとても混んでいて騒々しかったです」より，「downtown（繁華街）」へ行ったことがわかり，続く10・11文目「みんなで一緒に大きなレストランで昼食をとりました・・・・・料理がたくさんありました」より，学生たちが十分な食事をとったことも読み取れる。よって，③が正解。「Chinatown（中華街）→downtown（繁華街）」，「lots of food（たくさんの料理）→a big meal（十分な食事）」の言い換えに注意。

問2　2　正解 ②

You learned that the writer of this blog 　2　.
あなたはこのブログの筆者が　2　とわかった。

① doesn't like Chinese food　　　中華料理が好きではない
② doesn't enjoy looking at old houses　　昔の家を見るのを楽しまない
③ doesn't like to dance　　　踊るのが好きではない
④ went to sleep on the bus　　　バスで寝た

　第2段落4文目「公園には昔の家が何軒かありましたが，あまり面白くなかったです」より，筆者は昔の家を見ることを楽しむ性格ではないことが読み取れる。よって②が正解。「they = some old houses」という代名詞の理解と，「weren't very interesting→doesn't enjoy」の言い換えがポイント。

MEMO

6

記事やコラムの読み取り

CEFR：A2 程度

回	出典	問題の概要	問題文の語数※	小問	得点
第1回	2017年 試行調査 第3問 B	セールスマンの新聞コラムを読み，書かれている内容の概要を把握する。	303 words	3問	/6
第2回	2018年 試行調査 第3問 B	異文化体験に関する記事を読み，書かれている内容の概要を把握する。	318 words	3問	/6
第3回	オリジナル 問題	日本のあいさつの仕方について書かれた記事を読み，書かれている内容の概要を把握する。	350 words	3問	/6

※設問は語数に含めない。

第3問　(配点　6) CEFR：A2 程度

B　You found the following story written by a salesperson in a newspaper.

March of the Machines

Nick Rightfield

After graduating from university in Toronto, I started working for a trading company. This means I have to live and work in various cities. My first post was in New York, a city famous for its office buildings, stores, and nightlife. In my free time, I loved to walk around and search for stores selling interesting items. Even into the night, I would wander from store to store.

Then after two years, I moved to Tokyo. My first impression of Tokyo was that it is a busy city very similar to New York. However, on the first day when I took a night-time walk down the streets of Shinjuku, I noticed a difference. Among the crowds of workers and shoppers, I found rows of brightly-lit vending machines giving off a candy-colored light. In New York, most vending machines are located in office buildings or subway stations. But I never imagined lines of vending machines—standing like soldiers on almost every street—selling coffee, juice, and even instant noodles 24 hours a day.

As I stood in Shinjuku, I thought about Vancouver, where I was born and raised. To me it was a great city, but having experienced city life in New York and Tokyo, I have to admit how little I knew back in Vancouver. As I was thinking about my life so far, it began to rain. I was about to run to a convenience store when I noticed an umbrella vending machine. Saved! Then I thought perhaps as technology improves, we will be able to buy everything from machines. Will vending machines replace convenience stores? Will machines replace salespeople like me? I didn't sleep well that night. Was it jet lag or something else?

問 1　The writer moved from place to place in the following order: $\boxed{\quad 1 \quad}$.

① Toronto → New York → Tokyo → Vancouver

② Toronto → Vancouver → New York → Tokyo

③ Vancouver → New York → Tokyo → Toronto

④ Vancouver → Toronto → New York → Tokyo

問 2　The writer says that $\boxed{\quad 2 \quad}$.

① life in New York is more comfortable than life in Tokyo

② life in Tokyo is less interesting than life in New York

③ the location of vending machines in New York and Tokyo differs

④ the same goods are sold in vending machines in New York and Tokyo

問 3　While the writer was in Tokyo, he $\boxed{\quad 3 \quad}$.

① began to think about selling vending machines

② realized Vancouver was better because it was his hometown

③ started to regret moving from city to city

④ suddenly worried about the future of his job

〔 2017年試行調査 〕

第1回

第3問 B

問題番号	問 1	問 2	問 3
解答欄	1	2	3
正解	④	③	④
配点	2	2	2

あなたは新聞で，セールスマンによって書かれた以下の話を見つけました。

機械の行進

ニック・ライトフィールド

[1] ¹トロントの大学を卒業した後，私は貿易会社で働き始めました。²このことは，私が様々な街に住んで，働かなければならないということを意味します。³私の最初の赴任地は，オフィスビルやショッピング街，夜の娯楽で有名な街であるニューヨークでした。⁴時間があるときは，歩き回り，興味深い品物を売っている店を探すことが私は大好きでした。⁵夜になっても，私は店から店へ歩き回ったものでした。

[2] ¹それから二年後，私は東京へ転勤になりました。²私の東京の第一印象は，東京はニューヨークにとてもよく似たにぎやかな街だというものでした。³しかしながら，初日に新宿の通りに沿って夜の散歩をしたとき，私は違いに気づきました。⁴働く人や買い物客の人混みの中に，キャンディのような色の光を発し，明るく照らされている何列もの自動販売機を私は見つけました。⁵ニューヨークでは，たいていの自動販売機は，オフィスビルや地下鉄の駅の中に設置されています。⁶しかし，自動販売機の列が―ほとんどすべての通りに兵士のように立って―コーヒー，ジュース，そしてカップ麺さえも1日24時間売っているなどと，私は一度も想像したことがありませんでした。

[3] ¹新宿に立っているとき，私は自分が生まれ育ったバンクーバーのことを考えていました。²私にとってバンクーバーは素晴らしい街でしたが，ニューヨークと東京の都市生活を経験してしまったので，バンクーバーにいた頃に自分が知っていたことがいかに少なかったかを認めざるを得ません。³私がこれまでの自分の人生について考えていると，雨が降り出しました。⁴私が傘の自動販売機に気がついたのは，まさにコンビニエンスストアへ走り出そうとしたときでした。⁵助かった！⁶そして，おそらく技術が進歩するにつれて，私たちはすべてを機械から買えるようになるだろうと私は思いました。⁷自動販売機はコンビニエンスストアに取って代わるでしょうか？⁸機械は私のようなセールスマンに取って代わるでしょうか？⁹私はその夜よく眠れませんでした。¹⁰それは時差ぼけのせいだったでしょうか，それとも何か他のもののせいだったのでしょうか？

問1　　1　　正解④

訳
設問

The writer moved from place to place in the following order:　1　.

筆者は以下の順番で，あちこちに引っ越した：　1　。

① Toronto → New York → Tokyo → Vancouver
　トロント→ニューヨーク→東京→バンクーバー

② Toronto → Vancouver → New York → Tokyo
　トロント→バンクーバー→ニューヨーク→東京

③ Vancouver → New York → Tokyo → Toronto
　バンクーバー→ニューヨーク→東京→トロント

④ Vancouver → Toronto → New York → Tokyo
　バンクーバー→トロント→ニューヨーク→東京

💡
解説

　筆者が住んだ都市の順番を解答するためには，選択肢の地名，Toronto・New York・Tokyo・Vancouverの地名を読み取れば良いことがわかる。それらの地名を含む情報は，第1段落1文目「トロントの大学を卒業した後，私は貿易会社で働き始めました」，3文目「私の最初の赴任地は・・・ニューヨークでした」，第2段落1文目「それから二年後，私は東京へ転勤になりました」，第3段落1文目「私は自分が生まれ育ったバンクーバーのことを考えていました」に見て取れる。上記の情報を時系列［出来事順］に並べると，④が正解とわかる。

問2　　2　　正解③

訳
設問

The writer says that　2　.

著者は　2　と言っている。

① life in New York is more comfortable than life in Tokyo
　ニューヨークでの生活は東京での生活より快適だ

② life in Tokyo is less interesting than life in New York
　東京での生活はニューヨークでの生活より面白くない

③ the location of vending machines in New York and Tokyo differs
　ニューヨークと東京の自動販売機の設置場所は異なっている

④ the same goods are sold in vending machines in New York and Tokyo
　ニューヨークと東京の自動販売機では同じ品物が売られている

💡
解説

　設問からは何もわからないため，選択肢を手がかりとする。選択肢はすべてニューヨークと東京の類似点・相違点に関する内容のため，それらの情報が記された段落［2］に注目する。双方の類似点は「にぎやかな街」であること。相違点は「自動販売機の設置場所」「自動販売機で販売している品物の種類」であることがわかるため，その1つに該当する③が正解とわかる。

問3　[3]　正解 ④

While the writer was in Tokyo, he [3].
著者が東京にいた間，彼は[3]。

① began to think about selling vending machines
自動販売機を売ることについて考え始めた

② realized Vancouver was better because it was his hometown
自分の故郷であるため，バンクーバーの方が良いと気がついた

③ started to regret moving from city to city
都市から都市へと引っ越したことを後悔し始めた

④ suddenly worried about the future of his job
突然自分の仕事の将来について心配になった

　筆者が東京にいた間の出来事のため，段落［2］以降の情報に注目する。東京の自動販売機で様々なものが購入できる現実を目にし，さらに技術が進歩すれば，機械が筆者のようなセールスマンに取って代わるのではないかと考える流れの中で，第3段落9・10文目「私はその夜よく眠れませんでした。それは時差ぼけのせいだったのでしょうか，それとも何か他のもののせいだったのでしょうか？」と書いている。よって，上記の内容をまとめた④が正解と判断できる。

第3問 （配点 6）CEFR：A2 程度

B You found the following story in a study-abroad magazine.

Flowers and Their Hidden Meanings

Naoko Maeyama（Teaching Assistant）

Giving flowers is definitely a nice thing to do. However, when you are in a foreign country, you should be aware of cultural differences.

Deborah, who was at our school in Japan for a three-week language program, was nervous at first because there were no students from Canada, her home country. But she soon made many friends and was having a great time inside and outside the classroom. One day she heard that her Japanese teacher, Mr. Hayashi, was in the hospital after falling down some stairs at the station. She was really surprised and upset, and wanted to see him as soon as possible. Deborah decided to go to the hospital with her classmates and brought a red begonia in a flower pot to make her teacher happy. When they entered the hospital room, he welcomed them with a big smile. However, his expression suddenly changed when Deborah gave the red flower to him. Deborah was a little puzzled, but she didn't ask the reason because she didn't want to trouble him.

Later, in her elementary Japanese and with the help of a dictionary, Deborah told me about her visit to the hospital, and how her teacher's expression changed when she gave him the begonia. Deborah said, "It's my favorite flower because red is the color of passion. I thought my teacher, who was always passionate about teaching, would surely love it, too."

Unfortunately, flowers growing in a pot are something we shouldn't take to a hospital in Japan. This is because a plant in a pot has roots, and so it cannot be moved easily. In Japanese culture some people associate these facts with remaining in the hospital. Soon after Deborah heard the hidden meaning of the potted begonia, she visited Mr. Hayashi again to apologize.

問 1　According to the story, Deborah's feelings changed in the following order: 1 .

① nervous → confused → happy → shocked → sorry

② nervous → confused → sorry → shocked → happy

③ nervous → happy → shocked → confused → sorry

④ nervous → happy → sorry → shocked → confused

⑤ nervous → shocked → happy → sorry → confused

⑥ nervous → sorry → confused → happy → shocked

問 2　The gift Deborah chose was not appropriate in Japan because it may imply 2 .

① a long stay

② congratulations

③ growing anger

④ passion for living

問 3　From this story, you learned that Deborah 3 .

① chose a begonia for her teacher because she learned the meanings of several flowers in her class

② not only practiced her Japanese but also learned about Japanese culture because of a begonia

③ visited the hospital with her teaching assistant to see her teacher and enjoyed chatting

④ was given an explanation about the begonia by Mr. Hayashi and learned its hidden meaning

〔 2018年試行調査 〕

問題番号	問 1	問 2	問 3
解答欄	1	2	3
正解	③	①	②
配点	2	2	2

訳
問題文

あなたは留学雑誌で以下の話を見つけました。

花々とそれの持つ隠された意味
マエヤマ・ナオコ（教員助手）

[1] [1] 花を贈ることは間違いなく素敵なことです。[2] しかしながら，外国にいるときには，文化的な違いを知っておくべきです。

[2] [1] デボラは，3週間の語学プログラムのために日本の私たちの学校にいましたが，最初は緊張していました。というのも，彼女の母国であるカナダ出身の生徒は一人もいなかったからです。[2] けれど，彼女はすぐにたくさんの友達を作り，教室の内外で素晴らしい時を過ごしていました。[3] ある日，彼女の日本語教師の林先生が，駅の階段を数段転げ落ちて入院していることを，彼女は耳にしました。[4] 彼女はひどく驚き動揺して，できるだけすぐに先生をお見舞いしたいと思いました。[5] デボラはクラスメートと一緒に病院に行くことを決め，先生を喜ばせるために植木鉢に入った赤いベゴニアを持って行きました。[6] 彼女たちが病室に入ったとき，先生は満面の笑みを浮かべて彼女たちを歓迎しました。[7] しかし，デボラが赤い花を先生に渡したとき，先生の表情は突然変わりました。[8] デボラは少し困惑しましたが，その理由は尋ねませんでした。先生を煩わせたくなかったからです。

[3] [1] 後に，彼女の初歩的な日本語で，辞書の助けを借りながら，デボラは病院を訪れたことと，彼女が先生にベゴニアを渡したとき，先生の表情がどのように変わったかを，私に話してくれました。[2] デボラは「赤は情熱の色なので，ベゴニアは私の大好きな花なのです。先生も，いつも教えることに熱心ですし，きっとこの花を好きだろうと思ったのです。」と言いました。

[4] [1] 残念なことに，植木鉢で育っている花は，日本では病院に持って行くべきではないものです。[2] その理由は，植木鉢の植物には根があるため，容易に動かすことができないからです。[3] 日本の文化では，これらの事実から入院が長びくことを連想する人もいます。[4] デボラは鉢植えのベゴニアの隠された意味を聞いた後すぐに，謝罪をするためにもう一度林先生を訪ねました。

問 1   1   正解 ③

According to the story, Deborah's feelings changed in the following order: 　1　.
この話によれば，デボラの感情は以下の順番で変化した：　1　。

① nervous → confused → happy → shocked → sorry
　緊張（−）→困惑（−）→幸せ（+）→ショック（−）→申し訳ない（−）

② nervous → confused → sorry → shocked → happy
　緊張（−）→困惑（−）→申し訳ない（−）→ショック（−）→幸せ（+）

③ nervous → happy → shocked → confused → sorry
　緊張（−）→幸せ（+）→ショック（−）→困惑（−）→申し訳ない（−）

④ nervous → happy → sorry → shocked → confused
　緊張（−）→幸せ（+）→申し訳ない（−）→ショック（−）→困惑（−）

⑤ nervous → shocked → happy → sorry → confused
　緊張（−）→ショック（−）→幸せ（+）→申し訳ない（−）→困惑（−）

⑥ nervous → sorry → confused → happy → shocked
　緊張（−）→申し訳ない（−）→困惑（−）→幸せ（+）→ショック（−）

　問題文より，デボラの感情の変化を読み取れば良いことがわかる。第2段落1文目「デボラは…最初は緊張していました（−：緊張）」→2文目「けれど，彼女は…素晴らしい時を過ごしていました（+：幸せ）」→4文目「彼女はひどく驚き動揺して（−：ショック）」→8文目「デボラは少し困惑しました（−：困惑）」→第4段落最終文「デボラは…謝罪をするためにもう一度林先生を訪ねました（−：申し訳ない）」より，③が正解。「having a great time → happy」「surprised and upset → shocked」「puzzled → confused」「apologize → sorry」といった言い換えに対応できるだけの表現力が問われている点に注意。また，感情の移り変わりは，+・− のイメージを持つと整理しやすい。

問 2   2   正解 ①

The gift Deborah chose was not appropriate in Japan because it may imply 　2　.
デボラが選んだ贈り物は日本では適切でなかった。なぜなら，それは　2　を暗示する可能性があるからだ。

① a long stay　　　　　　　長期の入院

② congratulations　　　　　お祝い

③ growing anger　　　　　　高まる怒り

④ passion for living　　　　生きることへの情熱

問題文より，デボラが選んだ贈り物が日本では適さなかった理由を読み取れば良いことがわかる。第4段落1～3文目「植木鉢で育っている花は，日本では病院に持って行くべきではないものです。その理由は，植木鉢の植物には根があるため，容易に動かすことができないからです。日本の文化では，これらの事実から入院が長引くことを連想する人もいます」より，①が正解。「remaining in the hospital → a long stay」といった言い換えに対応できるだけの表現力が問われている点に注意。

問3　　3　　正解 ②

From this story, you learned that Deborah 　3　 .
この話から，デボラが 　3　 とわかった。

① chose a begonia for her teacher because she learned the meanings of several flowers in her class
　授業でいくつかの花の意味を学んだので，先生のためにベゴニアを選んだ

② not only practiced her Japanese but also learned about Japanese culture because of a begonia
　ベゴニアが原因で日本語を練習しただけでなく日本の文化についても学んだ

③ visited the hospital with her teaching assistant to see her teacher and enjoyed chatting
　先生に会うために教員助手と共に病院を訪れ，おしゃべりを楽しんだ

④ was given an explanation about the begonia by Mr. Hayashi and learned its hidden meaning
　林先生からベゴニアについての説明を受け，その隠された意味を学んだ

- -

　第3段落1文目「彼女の初歩的な日本語で，辞書の助けを借りながら…私に話してくれました」より，ベゴニアが原因で日本語を練習したことがわかり，第4段落最終文「デボラは鉢植えのベゴニアの隠された意味を聞いた後すぐに，謝罪をするためにもう一度林先生を訪ねました」より，日本の文化について学び，理解したことが読み取れる。よって，②が正解。結局はどのようなことを述べているのかという，理解力が問われている点に注意。

第3問 （配点 6） CEFR：A2 程度

B You found the following story on a website that helps foreign exchange students in Japan.

Japanese Ways of Greeting

Eiji Miyanaga (Senior High School Student)

Studying abroad is a great experience. However, it can be hard to learn about the customs of another country. This is something that my American friend David told me that he found difficult when he first came to Japan.

David studied at our school last year as part of a student exchange program. Although he didn't speak much Japanese when he arrived, he was able to learn quickly, and he felt pleased with his progress in our language. However, he found it difficult to learn the Japanese ways of greeting. David understood that he had to lower his head to older people, but he felt confused about how to act with people his own age. I'll admit that, when I first met him, I thought that he was rude. He'd always get too close to me, and he stared right at me whenever we spoke.

One day, I decided to talk to him about how we greet each other in Japan. I told him that Japanese people like to avoid physical contact in public, even among friends, and also that we don't like to keep eye contact for a long time. David seemed shocked, but then he smiled and told me that it made sense now, why he wasn't making friends with his classmates. He said that he had been trying to be friendly. He explained that, in America, friends often hug each other, smile, and laugh while making lots of eye contact. He said, "I knew I wasn't doing something right! Thanks for taking the time to explain this to me."

After that, things changed. David seemed a lot more respectful to me, and we became close friends. He told me that he found it strange, being quiet with people his own age, but that he was glad that he understood more about Japanese culture and that he was now able to make friends more easily.

問 1　According to the story, David's feelings changed in the following order : 　1　.

① confused → pleased → grateful → surprised → happy

② confused → surprised → happy→ pleased→ grateful

③ confused → surprised → pleased→ grateful→ happy

④ pleased → grateful → unsure → happy → surprised

⑤ pleased → unsure → happy → grateful → surprised

⑥ pleased → unsure → surprised → grateful → happy

問 2　The way David greeted his classmates was not appropriate in Japan because he 　2　.

① bowed too many times

② got too close to people

③ smiled too much

④ talked too loudly

問 3　From this story, you learned that David 　3　.

① and Eiji spoke to each other often but found that they were too different to become friends

② came to understand an important difference between Japanese culture and American culture

③ only improved his Japanese language skills but didn't learn anything about the culture

④ was given an explanation about appropriate greetings in Japan but didn't change his behavior

〔 オリジナル問題 〕

第3回

第3問 B

問題番号	問 1	問 2	問 3
解答欄	1	2	3
正解	⑥	②	②
配点	2	2	2

あなたはウェブサイトで日本にいる外国人交換留学生に役立つ以下の話を見つけました。

日本人のあいさつの仕方

ミヤナガ エイジ（高校生）

[1]¹海外留学は素晴らしい経験です。²しかし，他の国の慣習を学ぶのは大変なこともあります。³これは，友達であるアメリカ人のデイヴィッドが私に話してくれた，初めて日本に来たときに難しいと彼が思ったことです。

[2]¹デイヴィッドは交換留学生プログラムの一環で去年，私の学校で勉強していました。²彼は到着したときはあまり日本語を話せませんでしたが，すぐに習得でき，私たちの言語［日本語］の上達を喜んでいました。³しかし，彼は日本人のあいさつの仕方を学ぶのは難しいと感じました。⁴デイヴィッドは年上の方々には頭を下げなければならないことを理解していましたが，同い年の人たちにはどう接していいのか困惑したのでした。⁵最初に彼に会ったとき，私は彼の態度が悪いと思ったことを認めます。⁶彼はいつも私に近寄りすぎたし，話すときはいつも私をじっと見つめたのです。

[3]¹ある日，私は日本ではお互いにどのようにあいさつをするのかについて彼に話そうと決めました。²日本人は友達の間であっても，人前でのスキンシップは避けたいと考え，また，長い間アイコンタクトを続けるのを好まないと私は彼に話しました。³デイヴィッドはショックを受けたようですが，間もなくほほえんで，なぜ自分がクラスメートと友達になっていないのかやっと理解できたと私に話してくれました。⁴彼はフレンドリーでいようと努めていたと言いました。⁵アメリカでは，友達はアイコンタクトをよくしながらよくハグし合い，ほほえみ，そして笑うと，彼は説明してくれました。⁶彼は「自分は正しいことをしていないんだと思っていたよ！ 時間を取ってこのことを自分に説明してくれてありがとう」と言いました。

[4]¹これ以降，状況は変わりました。²デイヴィッドは私にもっと敬意を払っているように見え，私たちは親友になりました。³自分と同い年の友達と一緒にいるときに，遠慮がちなのは変に思うけど，日本文化についてより理解が深まって，今ではもっと簡単に友達を作れるようになって嬉しいと，彼は私に話してくれました。

問1　1　正解 ⑥

According to the story, David's feelings changed in the following order : 1 .
話によれば，デイヴィッドの感情は以下の順番で変化した：1 。

① confused → pleased → grateful → surprised → happy
　困惑（－）→喜び（＋）→感謝（＋）→驚き→幸せ（＋）

② confused → surprised → happy → pleased → grateful
　困惑（－）→驚き→幸せ（＋）→喜び（＋）→感謝（＋）

③ confused → surprised → pleased → grateful → happy
　困惑（－）→驚き→喜び（＋）→感謝（＋）→幸せ（＋）

④ pleased → grateful → unsure → happy → surprised
　喜び（＋）→感謝（＋）→自信がない（－）→幸せ（＋）→驚き

⑤ pleased → unsure → happy → grateful → surprised
　喜び（＋）→自信がない（－）→幸せ（＋）→感謝（＋）→驚き

⑥ pleased → unsure → surprised → grateful → happy
　喜び（＋）→自信がない（－）→驚き→感謝（＋）→幸せ（＋）

※驚きは（＋）（－）どちらにもなり得る

　問題文より，デイヴィッドの感情の変化を読み取れば良いことがわかる。第2段落2文目「彼は・・・・・喜んでいました（＋：喜び）」→4文目「デイヴィッドは・・・・・同い年の人たちにはどう接していいのか困惑したのでした（－：自信がない）」→第3段落3文目「デイヴィッドはショックを受けたようです（－：驚き）」→6文目後半「説明してくれてありがとう（＋：感謝）」→第4段落3文目後半「嬉しい（＋：幸せ）」より，⑥が正解。「confused → unsure」「shocked → surprised」「thanks → grateful」「glad → happy」といった言い換えに対応できるだけの表現力が問われている点に注意。また，感情の移り変わりは，＋・－ のイメージを持つと整理しやすい。

問2　2　正解 ②

The way David greeted his classmates was not appropriate in Japan because he 2 .
デイヴィッドがクラスメートにあいさつする方法は日本では適切ではなかった。なぜなら，彼が 2 からだ。

① bowed too many times　　何回もお辞儀しすぎた
② got too close to people　　人に近寄りすぎた
③ smiled too much　　ほほえみすぎた
④ talked too loudly　　話し声が大きすぎた

問題文より，デイヴィッドがクラスメートにしていたあいさつは日本では適さなかった理由を読み取れば良いことがわかる。第3段落2文目「日本人は友達の間であっても，人前でのスキンシップは避けたいと考え，また，長い間アイコンタクトを続けるのを好まない」から，日本でのあいさつに関する注意点が読み取れ，第2段落6文目「彼はいつも私に近寄りすぎたし，話すときはいつもじっと見つめたのです」から，その注意点が守れていなかったことが日本でのあいさつに適さなかった理由として読み取れる。よって，②が正解。

問3　　3　　正解②

From this story, you learned that David　　3　　.
この話から，デイヴィッドが　　3　　とわかった。

① and Eiji spoke to each other often but David found that they were too different to become friends
　エイジと頻繁に話すが友達になるには違いすぎると感じた

② came to understand an important difference between Japanese culture and American culture
　日本文化とアメリカ文化の重要な違いを理解するようになった

③ only improved his Japanese language skills but didn't learn anything about the culture
　日本語の能力を高めただけで文化については何も学ばなかった

④ was given an explanation about appropriate greetings in Japan but didn't change his behavior
　日本での適切なあいさつについて説明を受けたが自身の態度を変えなかった

- -

　本文は「日本人のあいさつの仕方」というタイトルからもわかるように，「あいさつ」をテーマとしている。交換留学生であるデイヴィッドがアメリカ式のあいさつと日本式のあいさつの違い，すなわち「あいさつ」における文化の違いに困惑するが，日本の文化について学び，最終的には理解したことが読み取れる。よって，②が正解。

文章とグラフの
読み取り

CEFR：B1 程度

※設問は語数に含めない。

第4問 （配点　15）CEFR：B1 程度

In class, everyone wrote a report based on the two graphs below. You will now read the reports written by Ami and Greg.

A survey was given to people between the ages of 13 and 29.　To answer the question in Graph 2, the participants were able to choose more than one reason.

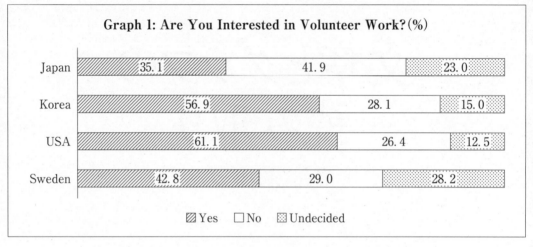

Graph 1: Are You Interested in Volunteer Work?（%）

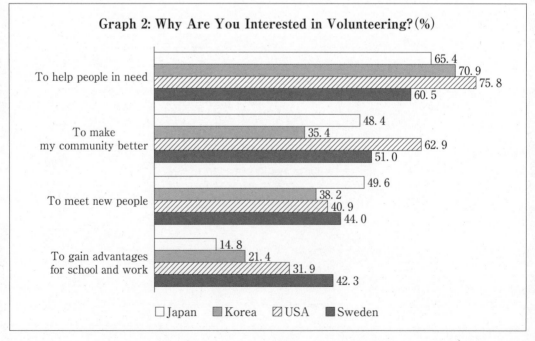

Graph 2: Why Are You Interested in Volunteering?（%）

Ami Kitamura

I was surprised when I saw Graph 1 because the percentage of Japanese participants who are interested in volunteering was higher than I had expected. As far as I know, none of my friends are doing any volunteer activities. So, I think we should motivate students in Japan to do more volunteering.

In order to do that, it's important to consider the merits of doing volunteer work. According to Graph 2, 65.4% of Japanese participants said they are interested in volunteering because they want to help people in need. Also, the percentage of Japanese participants who chose "To meet new people" was the highest among the four countries.

I think more Japanese students should learn about the benefits of volunteering. Thus, for the school festival I plan to make a poster that says, "You can help people in need and make new friends at the same time!" I hope many students will see it and become more interested in volunteer work.

Greg Taylor

In the USA, volunteering is common, so I was not surprised that it has the highest percentage of people who are interested in volunteer work. Graph 2 shows that a lot of American participants answered they are interested in volunteer work because they want to help people in need. I think this reason is important because students would feel a sense of achievement by helping people.

However, I was shocked to see that only 35.1% of Japanese participants are interested in volunteer work. I thought it would be more common in Japan. According to the information in Graph 2, only a few participants in Japan recognize the advantages for school and work. I recently heard Japanese universities and companies now put more value on volunteer experience than before. If more students understand these advantages, I think their interest in volunteering will increase.

Students should do volunteer work for the following two reasons. First, helping people in need will give students a feeling of accomplishment. Second, volunteering will also provide them with advantages for their future career. Therefore, I will compose a newsletter about these two benefits of doing volunteer work, and distribute it to students at school.

〔 2017年試行調査 〕

問 1 [1] felt that the percentage of Japanese participants who were interested in volunteer work was lower than expected.

① Ami

② Both Ami and Greg

③ Greg

④ Neither Ami nor Greg

問 2 Both Ami and Greg say that Japanese students should [2].

① discuss the benefits of volunteer work with students from other countries

② focus on studying and then consider doing volunteer work after graduating

③ know that doing volunteer work has good effects on those who do it

④ realize that volunteer work is becoming popular in other countries

問 3 Neither Ami nor Greg mentioned " [3] " in their reports.

① To gain advantages for school and work

② To help people in need

③ To make my community better

④ To meet new people

問 4　In their reports, Ami says she will [　a　] and Greg says he will [　b　].　**4**

① 　a ． give a survey 　　 b ． make a speech

② 　a ． give a survey 　　 b ． write a newsletter

③ 　a ． make a poster 　　 b ． make a speech

④ 　a ． make a poster 　　 b ． write a newsletter

問 5　You found four articles on the Internet. Based on the titles below, the most useful article for both Ami's and Greg's plans would be "　**5**　".

① 　Differences between Volunteer Work and Community Service

② 　How to Make Friends while Volunteering Abroad

③ 　Supporting People in Need through Volunteer Work

④ 　Volunteer Experiences and Your Future Career

問題番号	問 1	問 2	問 3	問 4	問 5
解答欄	1	2	3	4	5
正解	③	③	③	④	③
配点	3	3	3	3	3

訳
問題文

授業で，全員が以下の2つのグラフに基づいてレポートを書きました。あなたは今からアミとグレッグによって書かれたレポートを読みます。

調査は13歳から29歳の人を対象に行われた。グラフ2の質問に答えるため，参加者は複数の理由を選ぶことができた。

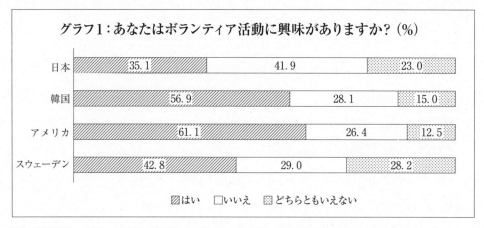

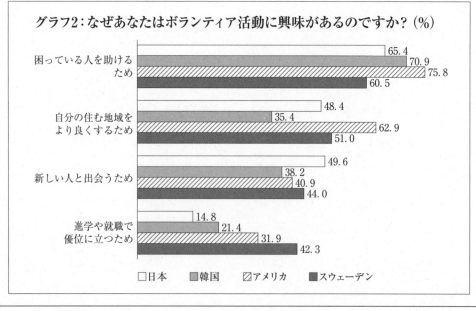

アミ・キタムラ

[1] ¹私がグラフ1を見たときに驚いたのは，ボランティア活動に興味のある日本人の参加者の割合は私が予想していたより高かったからだ。²私が知る限り，私の友人でボランティア活動をしている人は誰もいない。³だから，私たちが日本人の学生にもっとボランティア活動をする意欲を起こさせるべきだと私は考える。

[2] ¹そのためには，ボランティア活動をすることのメリットを考えることが重要だ。²グラフ2によると，日本人参加者の65.4%が，ボランティア活動に興味があるのは困っている人を助けたいからであると回答した。³また，「新しい人と出会うため」を選んだ日本人参加者の割合は4ヵ国中で最も高かった。

[3] ¹より多くの日本人学生がボランティア活動の利点について学ぶべきだと私は思う。²そこで，文化祭に向けて私は「困っている人を助けることができ，それと同時に新しい友達も作れます！」というポスターを作る計画を立てている。³多くの学生がそれを見て，ボランティア活動にもっと興味を持つようになることを願っている。

グレッグ・テイラー

[4] ¹アメリカでは，ボランティア活動は一般的なので，ボランティア活動に興味がある人の割合はアメリカが最も高いことに驚きはしなかった。²多くのアメリカ人参加者が，ボランティア活動に興味があるのは困っている人を助けたいからであると回答したことを，グラフ2は示している。³この理由が重要だと私が思うのは，人を助けることによって学生が達成感を覚えるだろうからである。

[5] ¹しかしながら，日本人参加者のわずか35.1%しかボランティア活動に興味を持っていないことがわかり，私はショックを受けた。²日本ではボランティア活動がもっと一般的だろうと私は思っていたのだ。³グラフ2の情報によると，日本ではごく少数の参加者しか進学や就職への利点を認識していない。⁴日本の大学や企業は現在，以前よりもボランティア経験に価値を置いていると最近耳にした。⁵これらの利点をより多くの学生が理解すれば，彼らのボランティア活動への興味は増すだろうと私は考える。

[6] ¹以下の2つの理由から，学生はボランティア活動をすべきである。²第一に，困っている人を助けることは学生に達成感を与えるだろう。³第二に，ボランティア活動は彼らの将来のキャリアにも利点をもたらすだろう。⁴したがって，私はボランティア活動をすることのこれら2つの利点についてのニュースレターを作り，それを学校で学生に配布するつもりでいる。

単語リスト

■ survey	名 調査	■ participant	名 参加者
■ (be) in need	熟 困っている	■ gain[get] an advantage	熟 優位に立つ
[1]			
■ as far as	熟 ～の限りでは	■ motivate	動 の意欲を起こさせる
[4]			
■ achievement	名 達成		
[5]			
■ put value on A	熟 Aに価値を置く，Aを重んじる		
[6]			
■ accomplishment	名 達成	■ compose	動 を作る，を構成する

問1 [1] 正解 ③

訳
設問

[1] felt that the percentage of Japanese participants who were interested in volunteer work was lower than expected.

[1] は，ボランティア活動に興味のある日本人参加者の割合は予想より低かったと感じた。

① Ami アミ
② Both Ami and Greg アミとグレッグの両方
③ Greg グレッグ
④ Neither Ami nor Greg アミとグレッグのどちらでもない

解説

設問から，ボランティア活動に興味のある日本人参加者の割合について，アミとグレッグがどのように感じたかを読み取る必要がある。よって，以下の該当箇所から，③が正解とわかる。

☐ アミ：第1段落1文目「私がグラフ1を見たときに驚いたのは，ボランティア活動に興味のある日本人の参加者の割合は私が予想していたより高かったからだ」から，予想より高かったと感じたことが読み取れる。

☐ グレッグ：第5段落1・2文目「日本人参加者のわずか35.1%しかボランティア活動に興味を持っていないことがわかり，私はショックを受けた。日本ではボランティア活動がもっと一般的だろうと私は思っていたのだ」から，予想より低かったと感じたことが読み取れる。

問2 [2] 正解 ③

訳
設問

Both Ami and Greg say that Japanese students should [2].

アミとグレッグの両方が，日本人学生は [2] べきだと言っている。

① discuss the benefits of volunteer work with students from other countries
他の国の学生とボランティア活動の利点について話し合う
② focus on studying and then consider doing volunteer work after graduating
学業に集中し，卒業後にボランティア活動をすることについて検討する
③ know that doing volunteer work has good effects on those who do it
ボランティア活動は，それをする者に良い影響があるということを知る
④ realize that volunteer work is becoming popular in other countries
ボランティア活動は他の国では人気が高まりつつあることを認識する

解説

設問から，アミとグレッグの両者に共通する主張［考え］を読み取れば良いことがわかる。以下の箇所から，両者は，日本人学生がボランティアへの興味を増すためには「ボランティア活動の利点」を理解すること，と考えていることがわかるため，③が正解となる。①の「他の国の学生との話し合い」，②の「学業に集中」，④の「他国のボランティア活動の人気の認識」については本文に記されていない。

□ アミ：第2段落1文目「（日本人の学生にもっとボランティア活動をする意欲を起こさせるためには）ボランティア活動をすることのメリットを考えることが重要だ」，第3段落1文目「より多くの日本人学生がボランティア活動の利点について学ぶべきだ」

□ グレッグ：第5段落最終文「これらの利点をより多くの学生が理解すれば，彼らのボランティア活動への興味は増すだろうと私は考える」

問 3 ┃ 3 ┃ 正解 ③

Neither Ami nor Greg mentioned " 3 " in their reports.

アミもグレッグもレポートで「 3 」について述べていない。

① To gain advantages for school and work	進学や就職で優位に立つこと
② To help people in need	困っている人を助けること
③ To make my community better	自分の住む地域をよりよくすること
④ To meet new people	新しい人と出会うこと

　設問から，アミとグレッグの両者のレポートで「述べられていないものを選ぶ＝述べられているものを消去していく」ことがわかる。よって，以下の該当箇所から，両者ともレポートで述べていないのは③とわかる。このタイプの問題は，本文を読みながら同時進行で出てきたものを消去するとよい。

① 第5段落3文目「グラフ2の情報によると，日本ではごく少数の参加者しか進学や就職への利点を認識していない」

② 第2段落2文目「グラフ2によると，日本人参加者の65.4％が，ボランティア活動に興味があるのは困っている人を助けたいからであると回答した」

　第4段落2文目「多くのアメリカ人参加者が，ボランティア活動に興味があるのは困っている人を助けたいからであると回答したことを，グラフ2は示している」

④ 第2段落3文目「また，「新しい人と出会うため」を選んだ日本人参加者の割合は4ヵ国中で最も高かった」

問4 ┌ 4 ┐ 正解 ④

In their reports, Ami says she will [a] and Greg says he will [b]. ┌ 4 ┐
彼らのレポートにおいて，アミは［ a ］つもりだと言い，グレッグは［ b ］つもりだと言っている。┌ 4 ┐

① a. give a survey　　　　　b. make a speech
　 a. 調査をする　　　　　　b. スピーチをする
② a. give a survey　　　　　b. write a newsletter
　 a. 調査をする　　　　　　b. ニュースレターを書く
③ a. make a poster　　　　　b. make a speech
　 a. ポスターを作る　　　　b. スピーチをする
④ a. make a poster　　　　　b. write a newsletter
　 a. ポスターを作る　　　　b. ニュースレターを書く

　設問の will に注目。すると，アミとグレッグはそれぞれ，今後どのような行動をとるのかを読み取れば良いかがわかる。よって，以下の箇所から④が正解とわかる。

□ アミ：第3段落2文目「そこで，文化祭に向けて私は・・・というポスターを作る計画を立てている」

□ グレッグ：第6段落最終文「したがって，私は・・・についてのニュースレターを作り，それを学校で学生に配布するつもりでいる」

問5 ┌ 5 ┐ 正解 ③

You found four articles on the Internet. Based on the titles below, the most useful article for both Ami's and Greg's plans would be " ┌ 5 ┐ ".
あなたはインターネットで4つの記事を見つけました。以下のタイトルに基づいて，アミとグレッグ両方の計画のために最も役に立つ記事は「 ┌ 5 ┐ 」でしょう。

① Differences between Volunteer Work and Community Service
　 ボランティア活動と社会奉仕活動の違い
② How to Make Friends while Volunteering Abroad
　 海外でのボランティア活動中に友達を作る方法
③ Supporting People in Need through Volunteer Work
　 ボランティア活動を通して困っている人を支援すること
④ Volunteer Experiences and Your Future Career
　 ボランティア経験とあなたの将来のキャリア

　設問から「アミとグレッグ両方の計画のために最も役に立つ記事＝両者が共通して触れていること」を読み取れば良いことがわかる。よって，以下の箇所から，③が正解とわかる。①は本文に記されていない。②の「海外でのボランティア」も本文に

記されておらず，④の「将来のキャリア」についてはアミが触れていない。

□ アミ：第3段落2文目「そこで，文化祭に向けて私は「困っている人を助けることができ，それと同時に新しい友達も作れます！」というポスターを作る計画を立てている」

□ グレッグ：第6段落2文目「第一に，困っている人を助けることは学生に達成感を与えるだろう」

第4問 （配点　16）CEFR：B1 程度

You are doing research on students' reading habits. You found two articles.

Reading Habits Among Students　　　　　　**by David Moore**

July, 2010

　　Reading for pleasure is reading just for fun rather than for your school assignment or work. There is strong evidence linking reading for enjoyment and educational outcomes. Research has shown that students who read daily for pleasure perform better on tests than those who do not. Researchers have also found that reading for fun, even a little every day, is actually more beneficial than just spending many hours reading for studying and gathering information. Furthermore, frequent reading for fun, regardless of whether reading paper or digital books, is strongly related with improvements in literacy.

　　According to an international study, in 2009, two-thirds of 15-year-old students read for enjoyment on a daily basis. The graph shows the percentage of students who read for enjoyment in six countries. Reading habits differed across the countries, and there was a significant gender gap in reading in some countries.

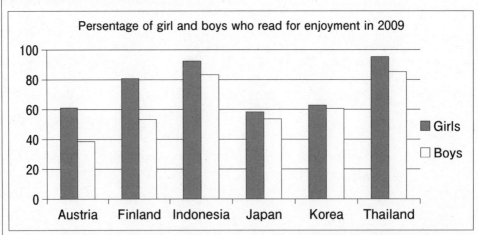

Persentage of girl and boys who read for enjoyment in 2009

　　In many countries, the percentage of students who read for enjoyment daily had decreased since the previous study in 2000. Back in 2000, on

---

average, 77% of girls and 60% of boys read for enjoyment. By 2009, these percentages had dropped to 74% and 54%, respectively.

In my opinion, many students today do not know what books they should read. They say that they have no favorite genres or series. That's why the percentage of students who read for pleasure daily has been decreasing. Parents and teachers should help students find interesting books in order to make reading for pleasure a daily routine.

Opinion on "Reading Habits Among Students"   by Y. T.

August, 2010

As a school librarian, I have worked in many different countries. I was a little sad to learn that fewer students around the world read for enjoyment daily than before. According to David Moore's article, approximately 60% of female students in my home country reported they read for enjoyment, and the gender gap is about 20%. I find this disappointing.

More students need to know the benefits of reading. As David Moore mentioned, reading for pleasure has good effects on students' academic skills. Students who regularly read many books get better scores in reading, mathematics, and logical problem solving. Also, reading for enjoyment has positive effects on students' mental health. Research has shown a strong relationship between reading for fun regularly and lower levels of stress and depression.

Regardless of these benefits, students generally do not spend enough time reading. Our daily lives are now filled with screen-based entertainment. Students spend a lot of time playing video games, using social media, and watching television. I think students should reduce their time in front of screens and should read books every day even for a short time. Forming a reading habit in childhood is said to be associated with later reading proficiency. School libraries are good places for students to find numerous resources.

〔 2018年試行調査 〕

問 1 Neither David Moore nor the librarian mentions $\boxed{1}$.

① gender differences in reading habits

② problems connected with reading digital books

③ the change in reading habits among students

④ the importance of reading regularly in childhood

問 2 The librarian is from $\boxed{2}$.

① Austria

② Finland

③ Japan

④ Korea

問 3 According to the articles, reading for pleasure has good effects on students'
$\boxed{3}$. (You may choose more than one option.)

① choice of career

② educational success

③ mental well-being

④ views of social media

問 4 David Moore states that students 「 4 」, and the librarian states that they 「 5 」. (Choose a different option for each box.)

① are busier than ever before

② cannot decide what books to read

③ choose similar books as their parents

④ enjoy playing with electronic devices

⑤ get useful information from TV

問 5 Based on the information from both articles, you are going to write a report for homework. The best title for your report would be " 「 6 」."

① Like It or Not, Reading Classic Novels is Important

② Make Reading for Entertainment a Part of Your Daily Life

③ Pleasure Reading is Becoming Popular in Different Countries

④ School Libraries: Great Resources for Doing School Projects

問題番号	問 1	問 2	問 3	問 4		問 5
解答欄	1	2	3	4	5	6
正解	②	①	②③	②	④	②
配点	3	3	4*	3*		3

*は，全部を正しくマークしている場合のみ正解とする。

訳
問題文

あなたは学生の読書習慣について調査しています。あなたは2つの記事を見つけました。

学生の読書習慣

デイヴィッド・ムーア
2010 年 7 月

[1] ¹ 趣味のための読書とは，学校の課題や勉強のためというよりはむしろ楽しむためだけに読むことである。² 趣味の読書と学校の成績を結び付ける有力な証拠がある。³ 研究によれば，日常的に趣味で読書をする学生は，しない学生よりもテストの成績が良いという。⁴ 楽しむための読書は，毎日少しずつであっても，単に勉強や情報収集のために何時間も読書に費やすよりも，実際はより有益であるということも，研究者たちは発見した。⁵ さらに，楽しむために頻繁に読書をすることは，紙の書籍を読むか電子書籍を読むかに関わらず，読み書きの能力向上に強く関係している。

[2] ¹ 国際的な研究によれば，2009 年には，15 歳の学生の 3 分の 2 が日常的に趣味の読書をしている。² グラフは，6 ヵ国における趣味で読書をする学生の割合を示している。³ 読書習慣は国によって異なり，いくつかの国では読書に著しい性差（男女差）があった。

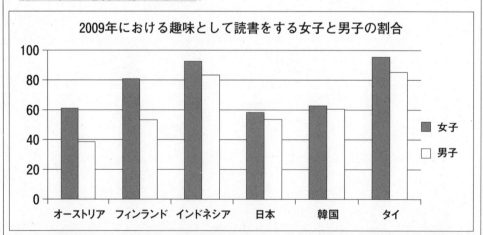

2009年における趣味として読書をする女子と男子の割合

（凡例：女子 / 男子）

横軸：オーストリア　フィンランド　インドネシア　日本　韓国　タイ

[3] ¹ 多くの国で，日常的に趣味で読書をする学生の割合は，2000 年に行われた前回の研究から減少していた。² 2000 年当時は，平均して女子学生の 77%

と男子学生の 60％ が趣味の読書をしていた。³2009 年までに，これらの割合はそれぞれ 74％と 54％に減少した。

[4]¹ 私の意見では，今日の多くの学生はどんな本を読むべきなのかがわからないのだと思う。² 好きなジャンルやシリーズがないと彼らは言う。³ そのため，日常的に趣味で読書をする学生の割合は減少しているのだ。⁴ 趣味のための読書を日課にするために，学生が興味深いと思う本を見つけることを親や教師は手助けすべきである。

「学生の読書習慣」についての意見　　　　Y.T.

2010 年 8 月

[5]¹ 学校の司書として，私は多くの様々な国で働いてきました。² 日常的に趣味で読書をする学生が世界中で以前よりも少なくなっていることを知って少し残念に思いました。³ デイヴィッド・ムーアの記事によれば，私の母国の女子学生の約 60％が趣味で読書をすると答えていて，性差は約 20％です。⁴ 私はこれにがっかりしています。

[6]¹ より多くの学生が，読書の利点を知る必要があります。² デイヴィッド・ムーアが述べたように，趣味の読書は学生の学力に良い影響を及ぼします。³ 習慣的に多くの本を読む学生は，読解，数学，論理的な問題解決において，より良い点数を取っています。⁴ また，趣味の読書には，学生の心の健康にも良い影響があります。⁵ 習慣的に楽しむための読書をすることと，ストレスやうつの度合いが低いことの間には強い関連性があることを，研究は示しています。

[7]¹ これらの利点にも関わらず，学生は一般的に読書に十分な時間を費やしていません。² 私たちの日々の生活は今や画面を基本とした娯楽で満たされています。³ 学生はテレビゲームをしたり，ソーシャルメディアを使ったり，テレビを見たりすることに多くの時間を費やしています。⁴ 学生は画面を見る時間を減らし，たとえ短い時間でも毎日本を読むべきだと私は思います。⁵ 子どもの頃に読書習慣を形成することは，後の読解力と関連していると言われています。⁶ 学校の図書館は，学生が多くの財産（情報源）を見つけるのに適した場所なのです。

単語リスト

[1]

▓ assignment	名 課題	▓ outcome	名 成果
▓ beneficial	形 有益な		
▓ furthermore	副 さらに	▓ regardless of	熟 ～とは関係なく
▓ relate A with B	熟 A を B と関係づける		
▓ improvement	名 向上	▓ literacy	名 読み書き能力

[2]

▓ according to	熟 ～によれば	▓ differ	動 異なる
▓ significant	形 著しい		

[3]

▓ decrease	動 減少する	▓ previous	形 以前の
▓ respectively	副 それぞれ		

[4]

▓ in order to do	熟 ～するために		
▓ a daily routine	複 日課		

[5]

▓ librarian	名 司書	▓ approximately	副 おおよそ

[6]

▓ have an effect on A	熟 A に影響を及ぼす		
▓ depression	名 うつ		

[7]

▓ generally	副 一般に	▓ associate A with B	熟 A を B と関連づける
▓ proficiency	名 熟達（reading proficiency：読解力）		
▓ numerous	形 たくさんの	▓ resource	名 資源

問 1 　 1 　正解 ②

訳
設問

Neither David Moore nor the librarian mentions 　 1 　 .
デイヴィッド・ムーアも司書も 　 1 　 には言及していない。

① gender differences in reading habits
　 読書習慣における性差

② problems connected with reading digital books
　 電子書籍を読むことに関連する問題

③ the change in reading habits among students
　 学生の読書習慣の変化

④ the importance of reading regularly in childhood
　 子どもの頃に習慣的に読書をすることの重要性

設問より，どちらの文章でも触れられていないものを選べば良いことがわかる。よって，段落ごとに内容を確認し，該当するものがあれば消去する。①は第2段落3文目「読書習慣は国によって異なり，いくつかの国では読書に著しい性差があった」，第5段落3文目「（読書習慣の）性差は約20％です」に該当。③は第3段落1文目「多くの国で，日常的に趣味で読書をする学生の割合は，2000年に行われた前回の研究から減少していた」，第5段落2文目「日常的に趣味で読書をする学生が世界中で以前よりも少なくなっている」に該当。④は第7段落5文目「子どもの頃に読書習慣を形成することは，後の読解力と関連していると言われています」に該当。よって，消去法により②が正解。

　また，テーマである「学生の読書習慣」と直接的には無関係な②は本文で述べられることはないという視点での解答も可能。

問2 　2　　正解 ①

The librarian is from 　2　 .
司書は 　2　 出身だ。

① Austria 　　　　　　　　オーストリア
② Finland 　　　　　　　　フィンランド
③ Japan 　　　　　　　　　日本
④ Korea 　　　　　　　　　韓国

　設問より，司書の母国を読み取れば良いことがわかる。第5段落1文目「学校の司書として，私は…」より，Y.T.が司書であることがわかる。Y.T.の記事である第5段落3文目「私の母国の女子学生の約60％が趣味で読書をすると答えていて，性差は約20％です」とグラフを照らし合わせる。グラフから，女子学生の割合が約60％で，性差が約20％（つまり，男性は約40％か約80％のいずれか）なのはオーストリアである。よって，①が正解。

問3 　3　　正解 ②③

According to the articles, reading for pleasure has good effects on students' 　3　 . (**You may choose more than one option.**)
記事によれば，趣味の読書は学生の 　3　 に良い影響がある。(複数選択可。)

① choice of career 　　　　職業選択
② educational success 　　　学業での成功
③ mental well-being 　　　　心の健康
④ views of social media 　　ソーシャルメディアの見方

※試行調査では出題されましたが，試験本番では正解の数が不明となるこのタイプの出題はありません。本番は，選択肢から答えを指定された数だけ選択する形式です。

解説

　問題文より，趣味の読書がもたらす学生への利点を読み取ることがわかる。第1段落3文目「研究によれば，日常的に趣味で読書をする学生は，しない学生よりもテストの成績が良いという」，第6段落2文目「趣味の読書は学生の学力に良い影響を及ぼします」より，まず②が正解。また，第6段落4文目「趣味の読書には，学生の心の健康にも良い影響があります」より，③も正解となる。「perform better on tests ／ has good effects on students' academic skills → educational success」「mental health → mental well-being」といった言い換えの表現力が問われている点に注意。

単語リスト

■well-being 名健康

問4 　4 　正解 ②　　　5 　正解 ④

訳
設問

David Moore states that students 　4 　, and the librarian states that they 　5 　. (Choose a different option for each box.)
デイヴィッド・ムーアは学生が 　4 　と述べており，司書は彼らが 　5 　と述べている。(それぞれの空所には異なる選択肢を選びなさい。)

① are busier than ever before　　　　　これまでより忙しい
② cannot decide what books to read　　どんな本を読むべきか決められない
③ choose similar books as their parents　親と似たような本を選ぶ
④ enjoy playing with electronic devices　電子機器で遊ぶことを楽しんでいる
⑤ get useful information from TV　　　テレビから役立つ情報を得ている

解説

　設問より，デイヴィッド・ムーアと司書はそれぞれ学生についてどのように述べているかを読み取ることがわかる。第4段落1文目「私の意見では，今日の多くの学生はどんな本を読むべきなのかがわからないのだと思う」より，デイヴィッド・ムーアは②と述べていることがわかる。また，第7段落3文目「学生はテレビゲームをしたり，ソーシャルメディアを使ったり，テレビを見たりすることに多くの時間を費やしています」より，司書は④と述べていることがわかる。「do not know what books they should read → cannot decide what books to read」のような表現の言い換えだけでなく，「playing video games, using social media, and watching television → enjoy playing with electronic devices」のように内容をまとめる力が問われている点に注意。

問5　6　正解 ②

Based on the information from both articles, you are going to write a report for homework. The best title for your report would be " 6 ."

両方の記事の情報に基づいて，あなたは宿題のレポートを書くつもりである。あなたのレポートに最適な題名は「 6 」だろう。

① Like It or Not, Reading Classic Novels is Important
　好むと好まざるとに関わらず，一流の小説を読むことは重要だ

② Make Reading for Entertainment a Part of Your Daily Life
　娯楽のための読書をあなたの日常生活の一部にしなさい

③ Pleasure Reading is Becoming Popular in Different Countries
　娯楽のための読書は様々な国で人気が高まりつつある

④ School Libraries: Great Resources for Doing School Projects
　学校の図書館：学校の課題をするのに素晴らしい情報源

　題名は本文全体を一言でまとめたものを選ぶ。両方の記事は「学生の読書習慣」について述べられたものであり，趣味としての読書習慣が学生へもたらす利点を交えつつ，その重要性を伝えるものとなっている。よって，それらを一言でまとめた②が正解となる。テーマである「学生の読書習慣」に対し，両方の記事で触れられている共通点に着目し，まとめ上げる力が問われている点に注意。

第3回

目標時間
12分

目標得点
9/16点

解答ページ
P.138

学習日
/

第4問 （配点 16）CEFR：B1 程度

You are doing research on how young people get music. You found two articles.

Streaming Saves the Music Industry　　　by Jessica Delmonte

August, 2019

　It's no secret that young people love music. Every generation identifies with the artists and bands from their youth. But what many young people today might not know is that over many years, the music industry has been facing severe problems as a result of illegal downloads. What is worse, is that they don't realize that it was their demand for music that almost killed the industry they love so much. The graph below shows the decline in physical music sales since 2006. Although we can't say with 100% certainty that the drop off in sales results entirely from illegal downloads, it seems likely. Most people would agree that music hasn't become less popular since 2006. So what has caused such a drop in sales? The answer for many is illegal downloads.

　According to a survey in 2007, young people were the largest group to download music illegally, with 42% of respondents, ages 14 to 18, reporting downloading music regularly without paying for it. It's not that young people didn't understand the problem either; "I knew I should pay for music, but when it was free and I didn't have time for a full-time job, it was the best option," one student told me. With sales falling quickly, by 2008, the music industry was in serious trouble. It was clear that the music industry needed to solve the problem if it wanted to survive.

　Fast forward ten years, and it seems that the industry has found a solution. Although the sales of physical CDs continued to drop, the industry is now making almost the same amount as in 2007. So what's changed? In a word, 'streaming.' Streaming services allow users to pay a fixed price per month to listen to as much music as they want. The graph below shows how streaming services have steadily been growing since 2006, replacing the dropping CD sales. As streaming has become more popular, many hope that the number of young people needing to download music illegally will be reduced.

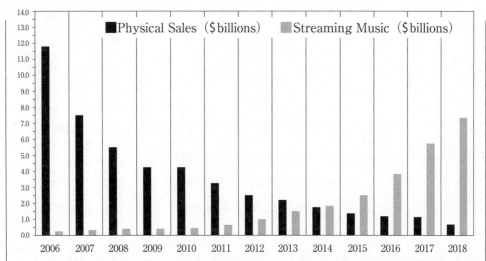

In my opinion, we can't blame young people for downloading music for free. As the technology for sharing music online became available, the music industry needed to change. I think many people in the industry were too slow to change their business model as listening via the Internet became more popular. It is definitely a good thing that people now pay for streaming services rather than downloading music for free. It's clear to me that streaming has saved the music industry.

Opinion on "Streaming Saves the Music Industry"　　Francis O'Toole
August, 2019

　　As a music producer, I've found the last ten years to be very difficult. When so many young people were downloading music for free, it was getting hard for us to survive. And I think you absolutely can blame young people for doing this. People know that stealing is wrong, and downloading music without paying for it is stealing! People only do it because they know they won't get caught. Many music companies would have gone out of business if streaming hadn't become popular.

　　As it is made clear in Jessica Delmonte's article, streaming is now how most young people listen to music. Clearly, this is better than stealing it, but it's still not great for smaller record companies. Artists and music companies only get paid a small amount each time a song is played. If a song becomes popular, this can add up to a large amount. In fact, with so many people paying to use streaming services around the world or advertisers paying, it is now one of the largest sources of income for many popular bands and musicians. However, for new bands it can be very difficult to make money this way. Because the amount paid per song track is so low, you need to become very popular before you can make enough money from streaming music. In my view, streaming services need to promote smaller artists and pay them more per song track if they want people to continue producing new music.

〔 オリジナル問題 〕

問 1　Neither Jessica Delmonte nor the music producer mentions 　1　 .

　　① how many different kinds of music young people like to stream

　　② how many people pay for streaming online now

　　③ how many young people download music without paying for it now

　　④ how much money artists can make from streaming their music online

問 2　Francis O'Toole 　2　 with Jessica Delmonte about young people downloading music without paying for it.

　　① completely agrees

　　② completely disagrees

　　③ partly agrees

　　④ partly disagrees

問 3　According to the articles, it is likely that downloading music without paying for it 　3　 . (**Choose two options.** The order does not matter.)

　　① has never been a serious issue

　　② is currently how most young people get music

　　③ used to be more common than it is now

　　④ was something young people knew they shouldn't do

問 4　Jessica Delmonte states that young people ⬚4⬚ , and the music producer states that they ⬚5⬚ . (Choose a different option for each box.)

① are less motivated to download music illegally

② don't have enough money to pay for music

③ prefer not to pay for music

④ should know right from wrong

⑤ stream many different kinds of music

問 5　Based on the information from both articles, you are going to write a report for homework. The best title for your report would be " ⬚6⬚ ."

① How Steaming Saved the Music Industry

② How to Download Music for Free

③ Streaming Music Online vs Downloading Music Videos

④ Why Young People Won't Pay for Music

問題番号	問1	問2	問3	問4		問5
解答欄	1	2	3	4	5	6
正解	①	②	③④	①	④	①
配点	3	3	4*	3*		3

*は，全部を正しくマークしている場合のみ正解とする。

　　　あなたは若者たちがどのように音楽を入手するかについて調査しています。あなたは2つの記事を見つけました。

ストリーミングが音楽業界を救う　　　　ジェシカ・デルモンテ
2019年 8月

[1]¹若者が音楽好きなのはよく知られていることである。²どの世代の人も若い頃からアーティストやバンドと自分を重ね合わせる。³しかし今日の多くの若者が知らないであろうことは，長年にわたり，音楽業界が違法ダウンロードの結果として生じる深刻な問題に直面してきたことである。⁴さらに悪いことは，愛してやまない業界を抹消しかけたのが自分たちの音楽への需要だということを彼らは理解していないということなのだ。⁵以下のグラフでは2006年以降物理的な［CDなどでの］音楽の売り上げが下降しているのがわかる。⁶売り上げのこの下降がすべて違法ダウンロードに由来することが100%確実とは言えないが，その可能性はあるように思える。⁷音楽は2006年以降人気がなくなってきたわけではないことには大多数の人が同意するだろう。⁸では何がそのような売り上げの落ち込みを引き起こしたのだろうか？⁹その多くの答えは違法ダウンロードにある。

[2]¹2007年の調査によると，若年層が音楽を違法にダウンロードする最も大きなグループであり，14歳から18歳の回答者の42%が支払いをせずに音楽を定期的にダウンロードしていると報告されている。²若年層はこの問題を理解していないわけでもなく，「音楽の代金を支払うべきなのはわかっていたけど，音楽が無料で，フルタイムの仕事をする時間がないから，それが最善の選択だった」と，ある学生が私に言った。³売り上げが急速に下降し，2008年までに音楽業界は深刻な状況に陥った。⁴音楽業界が生き残りたければその問題を解決する必要があったのは明らかだった。

[3]¹話を10年後に進めると，業界は解決策を見つけたようだ。²物理的なCDの売り上げは引き続き落ちているけれども，業界は今や2007年とほぼ同じ売上高を得ている。³では何が変わったのか？　⁴一言で言えば，「ストリーミング」である。⁵ストリーミングサービスでユーザーは毎月固定額を支払い，音楽を聴きたいだけ聴けるようになる。⁶以下のグラフは，落ち込むCDの売り上げに代わり，2006年以降ストリーミングサービスがいかに着実に成長してきているかを示している。⁷ストリーミングがさらに人気になるにつれ，違法に音楽をダウンロードすることを必要としている若者の数が減ることを多くの人が望んでいる。

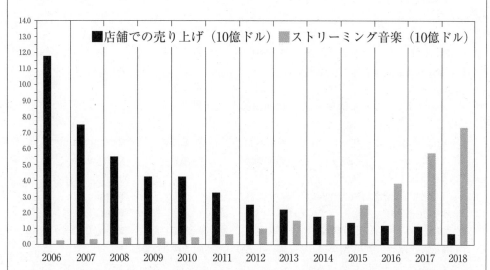

[4] ¹私の意見として，若者が音楽を無料でダウンロードするのは，私たちが非難できることではない。²オンラインで音楽を共有する技術が可能になったのだから，音楽業界は変化する必要があったのだ。³インターネットを介して聴くことがさらに広く普及していくときに，業界の多くの人はそのビジネスモデルを変えるのが遅すぎたのだと私は考える。⁴人々が今や無料で音楽をダウンロードするよりもむしろ，ストリーミングサービスの代金を支払っているというのは確実に良いことである。⁵ストリーミングが音楽業界を救ったというのは私には明白である。

「ストリーミングが音楽業界を救う」についての意見　フランス・オトゥール
2019年 8月

[5] ¹音楽プロデューサーとして，過去10年間はとても大変なものだった。²非常に多くの若者が無料で音楽をダウンロードしている中で，私たちが生き残るのは困難になっていった。³そして若者がそうするのをもちろん非難してもいいと私は考える。⁴盗むのは悪いことだと誰もが知っていて，支払いをせずに音楽をダウンロードするのは盗んでいるのと同じことなのだ！ ⁵捕まらないと知っているから，皆そうするだけのことだ。⁶ストリーミングが人気にならなかったら，多くの音楽会社がこの業界から消えていただろう。

[6] ¹ジェシカ・デルモンテの記事で明らかにされたように，ストリーミングは，今では大部分の若者が音楽を聴く方法になっている。²明らかに，これは音楽を盗むよりも良いことだが，それでも小さめのレコード会社にとっては最善ではない。³アーティストや音楽会社には楽曲が再生される度に少額が支払われるのみである。⁴楽曲が人気になれば，それは合計するとかなりの金額になりうる。⁵実際，世界中で大勢の人がストリーミングサービスの利用に料金を支払い，または広告主が支払っており，これが今では多くの人気のバンドや音楽家にとって最も大きな収入源の１つになっている。⁶しかし，新しいバンドがこの方法で収入を得るのは非常に困難だろう。⁷楽曲ごとに支払われる額は非常に少ないため，ストリーミング音楽から十分な収入が得られるまでにかなり人気になる必要がある。⁸私の考えでは，新しい音楽を作り続けてほしいと望むのなら，ストリーミングサービスはより小規模のアーティストを宣伝し，彼らに対して楽曲ごとにより多く支払う必要がある。

単語リスト

■ streaming	名 ストリーミング（配信）				■ industry	名 産業	

[1]

■ identify with	動 ～に自分を重ね合わせる						
■ artist	名 アーティスト	■ severe	形 深刻な				
■ as a result of	熟 ～の結果として				■ demand	名 需要	
■ graph	名 グラフ	■ decline	名 減少				
■ certainty	名 確実性	■ entirely	副 完全に				

[2]

■ according to	熟 ～によると	■ illegally	副 違法に	■ respondent	名 回答者	
■ full-time	形 フルタイムの	■ option	名 選択	■ serious	形 深刻な	

[3]

■ fast forward	熟 先へ進める				■ amount	名 額	
■ in a word	熟 一言で言えば				■ service	名 サービス	
■ user	名 使用者	■ fixed	形 固定した	■ per	前 ～につき	
■ steadily	副 着実に	■ reduce	動 を少なくする				

[4]

■ available	形 利用できる	■ too ～ to do	熟 …するには～すぎる				
■ via	前 ～を介して	■ definitely	副 確実に	■ rather than ～	熟 ～よりも	

[5]

■ producer	名 プロデューサー				■ absolutely	副 絶対に	
■ go out of business	熟 倒産する						

[6]

■ add up to ～	熟 合計～となる						
■ in fact	熟 実際	■ advertiser	名 広告主	■ income	名 収入	
■ make money	熟 稼ぐ	■ promote	動 を宣伝する				

問1　[1]　正解①

訳
設問

Neither Jessica Delmonte nor the music producer mentions [1].
ジェシカ・デルモンテも音楽プロデューサーも [1] には言及していない。

① how many different kinds of music young people like to stream
　どれほど様々な種類の音楽を若者がストリーミング配信で聴きたいか

② how many people pay for streaming online now
　現在どれほどの人々がオンラインでのストリーミング配信に支払いをしているか

③ how many young people download music without paying for it now
　どれほどの若者が現在料金を支払わずに音楽をダウンロードしているか

④ how much money artists can make from streaming their music online
　アーティストは音楽のオンラインでのストリーミング配信からどれほどの金額を得られるか

140

設問より，どちらの文章でも触れられていないものを選べば良いことがわかる。よって，段落ごとに内容を確認し，該当するものがあれば消去する。②は第6段落5文目「世界中で大勢の人がストリーミングサービスの利用に料金を支払い」に該当。③は第2段落1文目「若年層が音楽を違法にダウンロードする最も大きなグループであり，14歳から18歳の回答者の42%が支払いをせずに音楽を定期的にダウンロードしていると報告されている」，第5段落2文目「非常に多くの若者が無料で音楽をダウンロードしている」に該当。④は第6段落7文目「楽曲ごとに支払われる額は非常に少ないため，ストリーミング音楽から十分な収入が得られるまでにかなり人気になる必要がある」に該当。よって，消去法により①が正解。

■ neither A nor B 　　　熟 A も B も〜ない
■ stream 　　　　　　　動 ストリーム配信で聴く；をストリーム配信する

問 2 　 2 　 正解 ②

Francis O'Toole 　2　 with Jessica Delmonte about young people downloading music without paying for it.
フランシス・オトゥールは料金を支払わずに音楽をダウンロードする若者についてジェシカ・デルモンテに 　2　 。

① completely agrees 　　　　　完全に賛成している
② completely disagrees 　　　　完全に反対している
③ partly agrees 　　　　　　　部分的に賛成している
④ partly disagrees 　　　　　　部分的に反対している

　設問の内容に関するジェシカ・デルモンテの意見は，第4段落1文目で「私の意見として，若者が音楽を無料でダウンロードするのは，私たちが非難できることではない」としている。一方，フランシス・オトゥールは第5段落2・3文目で「かなり多くの若者が無料で音楽をダウンロードしている中で，私たちが生き残るのは困難になっていった。そして若者がそうするのをもちろん非難してもいいと私は考える」と述べている。よって，真逆の意見を述べていることから，②が正解となる。

■ completely 　　　副 完全に

問3 [3] 正解 ③④

設問

According to the articles, it is likely that downloading music without paying for it [3]. (**Choose two options.** The order dose not matter.)

記事によると，支払いをせずに音楽をダウンロードすることは [3] と思われる。（**2つの選択肢を選びなさい。** 順不同。）

① has never been a serious issue
深刻な問題になったことはない

② is currently how most young people get music
現在大多数の若者が音楽を入手する方法である

③ used to be more common than it is now
かつては現在よりもより一般的であった

④ was something young people knew they shouldn't do
すべきではないと若者が知っていたことであった

解説

　設問より，支払いをせずに音楽をダウンロードするという行為について記されている部分に注意を向けることがわかる。第2段落1文目「2007年の調査によると・・・・・14歳から18歳の回答者の42%が支払いをせずに音楽を定期的にダウンロードしていると報告されている」，第4段落4文目「人々が今や無料で音楽をダウンロードするよりもむしろ，ストリーミングサービスの代金を支払っているというのは確実に良いことである」より，まず③が正解。また，第2段落2文目「若年層はこの問題［違法ダウンロードの問題］を理解していないわけでもなく」や，第5段落4文目「盗むのは悪いことだと誰もが知っていて，支払いをせずに音楽をダウンロードするのは盗んでいるのと同じこと」より，④も正解となる。

　また，かつては違法ダウンロードに苦しんでいた音楽業界が，ストリーミングによって救われつつあるという趣旨の内容であるため，設問（文）の「支払いをせずに音楽をダウンロードすること」は主に過去の行為であることがわかる。よって，過去時制を用いた③・④が正解となる可能性が高いこともわかる。

単語リスト

- currently 　　 副 現在
- used to do 　　 熟 かつては〜だった

問4 [4] 正解 ① 　 [5] 正解 ④

設問

Jessica Delmonte states that young people [4], and the music producer states that they [5]. (Choose a different option for each box.)

ジェシカ・デルモンテは若者が [4] と述べており，音楽プロデューサーは彼らが [5] と述べている。（それぞれの空所には異なる選択肢を選びなさい。）

① are less motivated to download music illegally
音楽を違法にダウンロードする意欲が低くなっている

② don't have enough money to pay for music　音楽に支払うだけの十分なお金を持っていない

③ prefer not to pay for music　音楽に支払いをするのを望まない

④ should know right from wrong　善悪を区別すべきだ

⑤ stream many different kinds of music　多種の音楽をストリーム配信で聴く

　設問より，ジェシカ・デルモンテと音楽プロデューサーはそれぞれ若者についてどのように述べているかを読み取ることがわかる。第4段落4文目「人々が今や，無料で音楽をダウンロードするよりもむしろ，ストリーミングサービスの代金を支払っているというのは確実に良いことである」より，ジェシカ・デルモンテは**①**と述べていることが考えられる。また，第5段落2〜5文目「非常に多くの若者が無料で音楽をダウンロードしている中で・・・・支払いをせずに音楽をダウンロードするのは盗んでいるのと同じことなのだ！　捕まらないと知っているから，皆そうするだけのことだ」より，音楽プロデューサーは**④**と述べていると考えられる。**②**は第2段落2文目に「音楽の代金を支払うべきなのはわかっていたけど，音楽が無料で，フルタイムの仕事をする時間がない（≒お金がない）」とあるが，2007年に実施された過去の調査での話であり，時制が合わない点に注意［**②**は現在時制］。

■ motivate　動 に動機を与える

問5　**6**　正解 **①**

Based on the information from both articles, you are going to write a report for homework. The best title for your report would be " **6** ."

両方の記事の情報に基づいて，あなたは宿題のレポートを書くつもりである。あなたのレポートに最適な題名は「**6**」だろう。

① How Steaming Saved the Music Industry
　ストリーミング配信はどのようにして音楽業界を救ったか

② How to Download Music for Free
　無料で音楽をダウンロードする方法

③ Streaming Music Online vs Downloading Music Videos
　オンラインでのストリーミング音楽配信対ミュージックビデオのダウンロード

④ Why Young People Won't Pay for Music
　若者はなぜ音楽に支払いをしないのか

　題名は本文全体を一言でまとめたものを選ぶ。両方の記事は「ストリーミングが音楽業界を救う」ことについて述べられたものであり，違法ダウンロードによって収入面で深刻な打撃を受けた音楽業界が，ストリーミング配信によって持ちこたえたという内容を伝えるものとなっている。よって，それらを一言でまとめた**①**が正解となる。

MEMO

物語・記事の
読み取りと要約

CEFR：B1 程度

回	出典	問題の概要	問題文の語数※	小問	得点
第1回	2017年 試行調査 第5問 Ⓐ	学校新聞に掲載予定の「折り紙」に関する記事に対し，コメントを依頼される。記事の概要・要点や論理展開を把握し，要約する。	472 words	3問	/15
第2回	2018年 試行調査 第5問	ポスター発表のための準備をする場面で，アメリカにおけるジャーナリズムに変革を起こした人物に関する物語を読み，物語の概要を把握する。	623 words	4問	/20
第3回	オリジナル 問題	ポスター発表のための準備をする場面で，席を立つことを拒んだ活動家に関する雑誌記事を読み，内容を把握する。	648 words	4問	/20

※設問は語数に含めない。

第5問 (配点 15) CEFR：B1 程度

A   You are the editor of your school newspaper. You have been asked to provide comments on an article about origami written by an American student named Mary.

Origami

[1]   Many people in Japan have childhood memories of origami, where square sheets of paper are transformed into beautiful shapes such as animals and flowers. Origami has been enjoyed widely by people of all ages for centuries.

[2]   A recent event reminded us that origami is viewed as a traditional Japanese art form overseas. When President Barack Obama visited Hiroshima in 2016, he made four origami paper cranes neatly. He then presented them to Hiroshima City. This was seen as a symbol of his commitment to friendship between the two countries and to world peace.

[3]   Two positive influences of origami can be seen in care for the elderly and rehabilitation. Origami requires the precise coordination of fingers as well as intense concentration to fold the paper into certain shapes. It is thought to slow the progression of memory loss associated with such medical problems as Alzheimer's disease. It is also believed that origami helps keep motor skills and increases brain activity, which aid a person recovering from injuries. For these reasons, both inside and outside Japan, there are many elderly care and rehabilitation programs in which origami is used.

[4]   Children also benefit from origami. It fosters creativity and artistic sense while allowing them to have fun. This has resulted in a large number of associations—both domestic and international—regularly holding events for

young children such as origami competitions and exhibits. Isn't it surprising that many organizations that are active in these areas can be found overseas?

[5]   A   Furthermore, origami paper folding technology has promising applications in medicine.   B   In 2016, an international team of researchers developed a tiny paper-thin robot that can be used for medical treatment. The robot, made of material from pigs, is folded like origami paper and covered with a capsule made of ice. When the capsule is swallowed by a patient and reaches the patient's stomach, the capsule melts, and the robot unfolds as it absorbs water from the surrounding area.   C   After this, the robot is controlled from outside of the body to perform an operation. When the task is complete, the robot moves out of the body naturally.   D

[6]   As seen in the examples above, origami is no longer merely a traditional Japanese art form that many of us experienced as a leisure activity in childhood. In fact, it is a powerful agent that can bring positive change to the lives of all generations worldwide. While the appreciation of its beauty is likely to continue for generations to come, nowadays origami has come to influence various other aspects of our lives.

問 1 Mary's article mainly discusses   1   .

① the greater importance of origami in medicine than in other fields

② the invention of new types of origami in many foreign countries

③ the major role origami plays in promoting world peace and cooperation

④ the use of origami for cultural, medical, and educational purposes

問 2　Mary's intention in Paragraphs [3] and [4] is probably to 　2　.

① describe the history of origami's development outside Japan

② discuss the difficulties of using origami for treating diseases

③ express concerns about using origami for rehabilitation, elderly care, and education

④ introduce some contributions of origami to the lives of people of different ages

問 3　You found additional information related to this topic and want to suggest that Mary add the sentence below to her article. Where would the sentence best fit among the four locations marked 　A　, 　B　, 　C　, and 　D　 in Paragraph [5]? 　3　

The developers of the robot say that this technology can be used, for instance, to remove a small battery from the stomach of a child who has accidentally swallowed it.

① 　A　

② 　B　

③ 　C　

④ 　D

第5問 A

問題番号	問 1	問 2	問 3
解答欄	1	2	3
正解	④	④	④
配点	5	5	5

訳
問題文

　　あなたは学校新聞の編集者です。あなたはメアリーという名のアメリカ人の学生によって書かれた折り紙についての記事にコメントをするように頼まれています。

折り紙

[1] ¹日本に住む多くの人が折り紙に関する幼少期の記憶を持っており，その記憶の中で折り紙は，正方形の紙が動物や花のような美しい形に変わる。²折り紙は何世紀にもわたって，あらゆる年齢の人々に幅広く楽しまれてきた。

[2] ¹とある最近の出来事が，外国からは折り紙が日本の伝統的な芸術形態と見なされていることを私たちに気づかせてくれた。²2016年にバラク・オバマ大統領が広島を訪問したとき，彼は4羽の折り鶴をきれいに折った。³そして彼はそれらを広島市に贈った。⁴このことは，両国間の友好と世界平和に対する彼の約束の象徴と見なされた。

[3] ¹高齢者のケアやリハビリテーションにおいて，折り紙の2つの良い影響を見ることができる。²紙をある形に折るために，折り紙は極度の集中だけでなく，正確な指の動きの調整を必要とする。³それは，アルツハイマー病のような疾患と関連する記憶障害の進行を遅くすると考えられている。⁴また，折り紙が運動能力を維持し，脳の活動を活発にすることを助けるとも考えられており，それは人が怪我から回復することを助ける。⁵これらの理由から，日本の国内外で，折り紙を用いた高齢者のケアやリハビリテーションプログラムが数多くある。

[4] ¹子どもたちもまた折り紙から恩恵を受けている。²折り紙は子どもたちを楽しませながら，創造性や芸術的感覚を育む。³このことにより，―国内のものも国際的なものもどちらも―数多くの団体が，折り紙の大会や展覧会のような，幼児向けイベントを定期的に開催することになった。⁴これらの分野で活動的な団体を海外で多く目にすることができるというのは驚くべきことではないだろうか？

[5] A ¹さらに，折り紙を折る技術は医学への応用が期待できる。 B ²2016年，ある国際的な研究者のチームが，医療に利用できる小さくて紙のように薄いロボットを開発した。³そのロボットは，豚由来の物質で作られており，折り紙のように折りたたまれ，氷で作られたカプセルに入れられている。⁴カプセルが患者に飲み込まれて，患者の胃に到達すると，そのカプセルが溶け，周囲から水を吸収しながらロボットが広がる。 C ⁵この後，ロボットは体の外側から操作され，作業を行う。⁶作業が完了すると，ロボットは体の外へと自然に排出される。 D

[6] ¹上記の例に見られるように，折り紙はもはや，私たちの多くが幼少期に余暇活動として経験した単なる伝統的な日本の芸術形態ではない。²実際には，折り紙は，世界中のあらゆる世代の生活に良い変化をもたらすことのできる影響力のあるものなのだ。³その美しさへの評価は来るべき世代にも続いていきそうだが，今日では，折り紙は私たちの生活の様々な他の側面に影響を与えるようになってきている。

単語リスト

[1] ■transform *A* into *B*　熟 *A* を *B* に変える

[2] ■origami paper crane　複 折り鶴　　■neatly　副 きれいに，きちんと
　　■commitment　名 約束

[3] ■precise　形 正確な　　■coordination　名 調整
　　■intense　形 極度の，激しい　　■concentration　名 集中
　　■fold　動 を折りたたむ　　■progression　名 進行
　　■associated with *A*　熟 *A* と関係がある
　　■Alzheimer's disease　複 アルツハイマー病　　■motor skill　複 運動能力

[4] ■foster　動 を育む　　■domestic　形 国内の
　　■exhibit　名 展覧会

[5] ■promising　形 期待の持てる　　■paper-thin　形 紙のように薄い
　　■capsule　名 カプセル　　■unfold　動 広がる

[6] ■no longer　熟 もはや〜ない　　■merely　副 単なる〜にすぎない，ただ〜だけの
　　■appreciation　名 評価

問1 <u>1</u>　正解 ④

Mary's article mainly discusses <u>1</u> .
メアリーの記事は主に <u>1</u> について論じている。

① the greater importance of origami in medicine than in other fields
　 他の分野よりも大きい医学における折り紙の重要性

② the invention of new types of origami in many foreign countries
　 海外の多くの国における新しいタイプの折り紙の発明

③ the major role origami plays in promoting world peace and cooperation
　 世界平和と協調の促進において折り紙が果たしている主要な役割

④ the use of origami for cultural, medical, and educational purposes
　 文化, 医療, 教育目的の折り紙の使用

- -

　設問から, 本文全体の流れ, すなわちテーマを読み取れば良いことがわかる。第1段落の「美しい」「楽しまれてきた」などの表現は, 筆者の主観（考え）を表す表現のため, 本文では折り紙に関するプラスの話が展開されると想定できる（ただし,「しかし」のような逆接表現が出てきた場合はマイナスの話が展開される）。第2段落では「折り紙が日本の伝統的な芸術形態＝文化」, 第3段落では「折り紙を用いた高齢者のケアやリハビリテーション＝医療」, 第4段落では「折り紙を用いた子どもたちの創造性・芸術的感覚の育成＝教育」をテーマとして扱っている。よって, 第2〜4段落の内容に該当する④が正解となる。
①は医学と他の分野における折り紙の重要性の比較については本文で述べられていない。②についてもそのような記述はない。
③は第2段落の内容から迷いがちだが, 第2段落は「文化としての折り紙」という趣旨のため不可。また, このような問題の場合, 本文のごく一部にしか触れられていない選択肢は正解にはならないので注意。

問2 <u>2</u>　正解 ④

Mary's intention in Paragraphs [3] and [4] is probably to <u>2</u> .
第3段落と第4段落におけるメアリーの意図はおそらく <u>2</u> ことだ。

① describe the history of origami's development outside Japan
　 日本国外における折り紙の発達の歴史を説明する

② discuss the difficulties of using origami for treating diseases
　 病気の治療のために折り紙を使用することの難しさを論じる

③ express concerns about using origami for rehabilitation, elderly care, and education
　 リハビリテーション, 高齢者のケア, 教育に折り紙を使うことについての懸念を示す

④ introduce some contributions of origami to the lives of people of different ages
　 様々な年齢の人々の生活に対する折り紙の貢献をいくつか紹介する

問1の解説で述べたように，本文は折り紙に関するプラスの話を展開している。つまり，第3段落の主旨は「高齢者のケアやリハビリテーション［医療］に折り紙はプラスに働く」，第4段落の主旨は「子どもたちの創造性・芸術的感覚の育成［教育］に折り紙はプラスに働く」となる。つまり，折り紙がプラスに働く例として「高齢者と子ども＝様々な年齢」「医療と教育＝人々の生活」を挙げていることがわかるため，これらをまとめた④が正解となる。③と迷いがちだが「懸念を示す＝マイナス」のため，本文のプラスの流れと合わない。

■intention 　名 意図　　■express concern about A 　熟 A についての懸念を示す
■contribution 　名 貢献

問3 　3 　正解 ④

You found additional information related to this topic and want to suggest that Mary add the sentence below to her article. Where would the sentence best fit among the four locations marked 　A 　, 　B 　, 　C 　, and 　D 　 in Paragraph [5] ? 　3

あなたはこのトピックに関連する追加の情報を見つけ，以下の文章を彼女の記事に追加するようにメアリーに提案したいと思っている。第5段落で 　A 　, 　B 　, 　C 　, 　D 　 の印が付いた4つの場所の中で，その文章が最も合うのはどこか。 　3

The developers of the robot say that this technology can be used, for instance, to remove a small battery from the stomach of a child who has accidentally swallowed it.

そのロボットの開発者らは，例えば，誤って小さな電池を飲み込んでしまった子どもの胃からその電池を取り除くために，この技術を利用することができると述べている。

① 　A
② 　B
③ 　C
④ 　D

文挿入問題は，既出情報を示すthe・thisや，具体例を示すfor instanceのような，文の流れを示す表現に注目する。まず，the robotから，まだrobotが前の文に現れていないA・Bには入らないことがわかる。次にthis technologyに注目するがC・Dの特定はできない。そこで，for instanceに目を向ける。挿入文は具体例であるため，一通りの説明が終わった後に置かれると考えられる。つまり，説明の途中のCではなくDに追加するのが最も合う。よって，④が正解。

■accidentally 　副 誤って，偶然に

第5問 （配点 20）CEFR：B1 程度

Your group is preparing a poster presentation entitled "The Person Who Revolutionized American Journalism," using information from the magazine article below.

Benjamin Day, a printer from New England, changed American journalism forever when he started a New York City newspaper, *The Sun*. Benjamin Day was born in Springfield, Massachusetts, on April 10, 1810. He worked for a printer as a teenager, and at the age of 20 he began working in print shops and newspaper offices in New York. In 1831, when he had saved enough money, he started his own printing business, which began to struggle when the city was hit by a cholera epidemic the following year. In an attempt to prevent his business from going under, Day decided to start a newspaper.

In 1833, there were 650 weekly and 65 daily American newspapers, with average sales of around 1,200. Although there were cheap newspapers in other parts of the country, in New York a newspaper usually cost as much as six cents. Day believed that many working-class people were able to read newspapers, but chose not to buy them because they did not address their interests and were too expensive. On September 3, 1833, Day launched *The Sun* with a copy costing just one cent. The introduction of the "penny press," as cheap newspapers became known, was an important milestone in American journalism history.

Day's newspaper articles were different from those of other newspapers at the time. Instead of reporting on politics and reviews of books or the theater, *The Sun* focused on people's everyday lives. It was the first newspaper to report personal events and crimes. It led to a paradigm shift in American journalism, with newspapers becoming an important part of the community and the lives of the readers. Day also came up with another novel idea: newsboys selling the newspaper on street corners. People wouldn't even have to step into a shop to buy a paper.

The combination of a newspaper that was cheap as well as being easily available was successful, and soon Day was making a good living publishing *The Sun*. Within six months, *The Sun*'s circulation reached 5,000, and after a year, it had risen to 10,000. By 1835, sales of *The Sun* had reached 19,000, more than any of the other daily papers at that time. Over the next few years, about a dozen new penny papers were established, beginning a new era of newspaper competition. The success of *The Sun* encouraged other journalists to publish newspapers at a lower price. By the time of the Civil War, the standard price of a New York City newspaper had fallen to just two cents.

Despite his success, after about five years of operating *The Sun*, Day lost interest in the daily work of publishing a newspaper. In 1838, he sold *The Sun* to his brother-in-law, Moses Yale Beach, for $40,000, and the newspaper continued to publish for many years. After selling the paper, Day moved into other business areas, including the publication of magazines, but by the 1860s he was basically retired. He lived quietly until his death on December 21, 1889. Although he had been involved in the American newspaper business for a relatively short time, Day is remembered as a revolutionary figure who showed that newspapers could appeal to a mass audience.

The Person Who Revolutionized American Journalism

■ The Life of Benjamin Day

Period	Events
1810s	Day spent his childhood in Springfield
1820s	☐ 1
1830s and beyond	☐ 2 ↓ ☐ 3 ↓ ☐ 4 ↓ ☐ 5

Benjamin Day

■ About *The Sun*

▶ Day launched *The Sun* on September 3, 1833.
▶ This newspaper was highly successful for the following reasons: ☐ 6

■ A Shift in U.S. Journalism: A New Model

▶ The motto of *The Sun* was " ☐ 7 ."
▶ *The Sun* changed American journalism and society in a number of ways: ☐ 8

〔 2018年試行調査 〕

第2回 第5問

問 1 Members of your group listed important events in Day's life. Put the events into the boxes [1] ~ [5] in the order that they happened.

① Day created other publications

② Day established a printing company

③ Day gained experience as a printer in his local area

④ Day started a newspaper business

⑤ Day's business was threatened by a deadly disease

問 2 Choose the best statement(s) to complete the poster. (You may choose more than one option.) [6]

① Day focused on improving the literacy levels of the working class.

② Day introduced a new way of distributing newspapers.

③ Day realized the potential demand for an affordable newspaper.

④ Day reported political affairs in a way that was easy to understand.

⑤ Day supplied a large number of newspapers to every household.

⑥ Day understood what kind of articles would attract readers.

問 3 Which of the following was most likely to have been *The Sun*'s motto? [7]

① Nothing is more valuable than politics

② The daily diary of the American Dream

③ *The Sun*: It shines for all

④ Top people take *The Sun*

問 4 Choose the best statement(s) to complete the poster. (**You may choose more than one option.**) ⬚ 8 ⬚

① Information became widely available to ordinary people.

② Journalists became more conscious of political concerns.

③ Journalists started to write more on topics of interest to the community.

④ Newspapers became less popular with middle-class readers.

⑤ Newspapers replaced schools in providing literacy education.

⑥ The role of newspapers became much more important than before.

問題番号	問1					問2	問3	問4
解答欄	1	2	3	4	5	6	7	8
正解	③	②	⑤	④	①	②③⑥	③	①③⑥
配点	5*					5*	5	5*

*は，全部を正しくマークしている場合のみ正解とする。

あなたのグループは，以下の雑誌記事から得た情報を使って，「アメリカのジャーナリズムに革命を起こした人物」という題のポスター発表を準備しています。

[1]¹ ニューイングランド出身の印刷工だったベンジャミン・デイが，アメリカのジャーナリズムを永久に変えたのは，彼がニューヨーク市の新聞である『ザ・サン』を始めたときだった。² ベンジャミン・デイは，マサチューセッツ州スプリングフィールドで，1810年4月10日に誕生した。³ 彼は10代の頃，印刷工として働き，20歳のときにニューヨーク市の印刷所と新聞社で働き始めた。⁴ 十分な資金が貯まった1831年に，彼は自身の印刷事業を始めたが，翌年，ニューヨーク市がコレラの流行に襲われると，事業は苦境に立たされ始めた。⁵ 事業が倒産するのを防ごうと，デイは新聞を創刊することを決意した。

[2]¹ 1833年，アメリカには650の週刊新聞，65の日刊新聞があり，平均的な売り上げは約1,200部だった。² 国内の他の地域では安価な新聞があったが，ニューヨークでは，新聞は通常6セントほどもした。³ 多くの労働者階級の人々は新聞を読むことができるが，新聞は彼らの関心事を扱っておらず，高すぎるために，彼らは新聞を買わないのだとデイは考えた。⁴ 1833年の9月3日，デイは1部わずか1セントの『ザ・サン』を創刊した。⁵ 安価な新聞として知られるようになった「ペニープレス（ペニー新聞）」の登場は，アメリカのジャーナリズムの歴史において重要で画期的な出来事だった。

[3]¹ デイの新聞記事は，当時の他の新聞記事とは異なっていた。² 政治や，本や演劇の評論を報じるのではなく，『ザ・サン』は人々の日常生活に焦点を当てていた。³ 『ザ・サン』は個人の出来事や犯罪を報道した最初の新聞だった。⁴ それはアメリカのジャーナリズムにおけるパラダイム・シフトへとつながり，新聞は地域社会や読者の生活の重要な一部となった。⁵ デイはまた，もう1つの斬新なアイデアも思いついた。街角で新聞を売る新聞売りである。⁶ 人々は新聞を買うために店に足を踏み入れる必要さえなくなった。

[4]¹ 簡単に入手できるだけでなく安価であるという新聞の組み合わせは成功し，すぐにデイは『ザ・サン』の発行で生活が豊かになっていった。² 半年も経たずに，『ザ・サン』の発行部数は5,000部に達し，1年後には，10,000部まで上がった。³ 1835年までに，『ザ・サン』の売り上げは19,000部に達し，これは当時の他のどの日刊新聞よりも多い部数だった。⁴ その後数年間にわたって，12紙ほどの新

たなペニー新聞が創刊され，新聞が競い合う新たな時代が始まった。[5]『ザ・サン』の成功は他のジャーナリストたちがより低価格で新聞を発行することを促進した。[6]南北戦争の時代までには，ニューヨーク市の新聞の標準的な価格は，わずか2セントまで下落していた。

[5][1]成功にも関わらず，『ザ・サン』を運営して約5年が経つと，デイは新聞を発行するという日々の仕事への興味を失った。[2]1838年に，彼は義理の兄弟であるモージズ・イェール・ビーチに40,000ドルで『ザ・サン』を売却し，新聞は何年もの間，発行され続けた。[3]新聞販売の後，デイは雑誌の発行を含む他の事業分野に移ったが，1860年代までに彼は実質的に引退した。[4]彼は1889年12月21日に亡くなるまで静かに暮らした。[5]アメリカの新聞事業に関わっていたのは比較的短い間だったが，デイは新聞が大衆の興味を引くことができることを示した革命的な人物として記憶されている。

アメリカのジャーナリズムに革命を起こした人物

■ベンジャミン・デイの生涯

時期	出来事
1810年代	デイはスプリングフィールドで子ども時代を過ごした
1820年代	1
1830年代以降	2 ↓ 3 ↓ 4 ↓ 5

ベンジャミン・デイ

■『ザ・サン』について

▶ デイは1833年9月3日に『ザ・サン』を創刊した。
▶ この新聞は以下の理由から大成功した： 6

■アメリカのジャーナリズムの転換：新たなモデル

▶ 『ザ・サン』のモットーは「 7 」だった。
▶ 『ザ・サン』はアメリカのジャーナリズムと社会を多くの点で変えた： 8

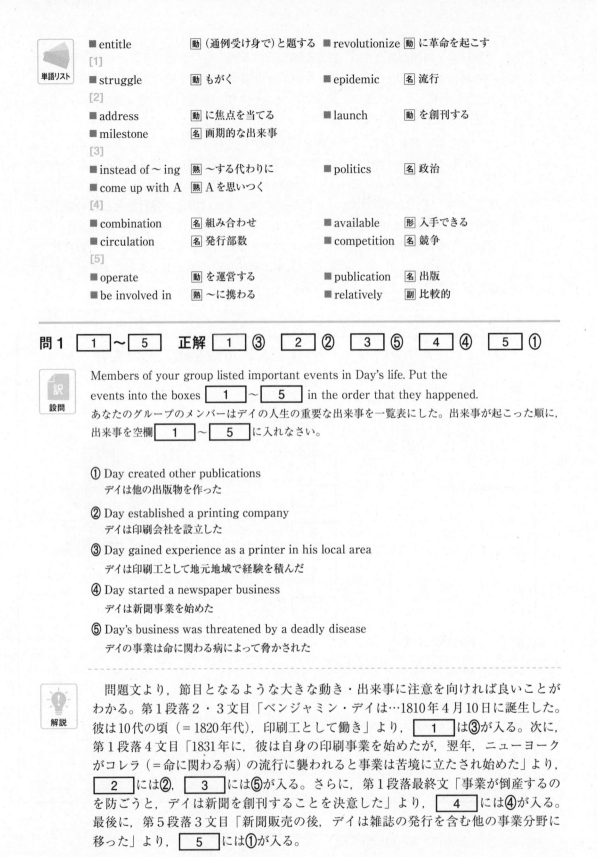

■ entitle 動 (通例受け身で)と題する ■ revolutionize 動 に革命を起こす
[1]

■ struggle 動 もがく ■ epidemic 名 流行
[2]

■ address 動 に焦点を当てる ■ launch 動 を創刊する

■ milestone 名 画期的な出来事
[3]

■ instead of 〜 ing 熟 〜する代わりに ■ politics 名 政治

■ come up with A 熟 A を思いつく
[4]

■ combination 名 組み合わせ ■ available 形 入手できる

■ circulation 名 発行部数 ■ competition 名 競争
[5]

■ operate 動 を運営する ■ publication 名 出版

■ be involved in 熟 〜に携わる ■ relatively 副 比較的

問1 1 〜 5 正解 1 ③ 2 ② 3 ⑤ 4 ④ 5 ①

設問

Members of your group listed important events in Day's life. Put the
events into the boxes 1 〜 5 in the order that they happened.
あなたのグループのメンバーはデイの人生の重要な出来事を一覧表にした。出来事が起こった順に,
出来事を空欄 1 〜 5 に入れなさい。

① Day created other publications
　デイは他の出版物を作った

② Day established a printing company
　デイは印刷会社を設立した

③ Day gained experience as a printer in his local area
　デイは印刷工として地元地域で経験を積んだ

④ Day started a newspaper business
　デイは新聞事業を始めた

⑤ Day's business was threatened by a deadly disease
　デイの事業は命に関わる病によって脅かされた

解説

　問題文より,節目となるような大きな動き・出来事に注意を向ければ良いことが
わかる。第1段落2・3文目「ベンジャミン・デイは…1810年4月10日に誕生した。
彼は10代の頃(=1820年代),印刷工として働き」より, 1 は③が入る。次に,
第1段落4文目「1831年に,彼は自身の印刷事業を始めたが,翌年,ニューヨーク
がコレラ(=命に関わる病)の流行に襲われると事業は苦境に立たされ始めた」より,
 2 には②, 3 には⑤が入る。さらに,第1段落最終文「事業が倒産するの
を防ごうと,デイは新聞を創刊することを決意した」より, 4 には④が入る。
最後に,第5段落3文目「新聞販売の後,デイは雑誌の発行を含む他の事業分野に
移った」より, 5 には①が入る。

単語リスト

■gain 動 を得る　　　　　■threaten 動 を脅かす

問2　6　正解 ②③⑥

設問

Choose the best statement(s) to complete the poster. (**You may choose more than one option.**)

ポスターを完成させるのに最も適した文を選びなさい。(**複数選択可**。)

① Day focused on improving the literacy levels of the working class.
デイは労働者階級の識字レベルの向上に重点的に取り組んだ。

② Day introduced a new way of distributing newspapers.
デイは新聞を配る新たな方法を導入した。

③ Day realized the potential demand for an affordable newspaper.
デイは手頃な価格の新聞に対する潜在的な需要に気がついた。

④ Day reported political affairs in a way that was easy to understand.
デイは理解しやすい方法で政治的情勢を報じた。

⑤ Day supplied a large number of newspapers to every household.
デイはすべての家庭に多くの新聞を供給した。

⑥ Day understood what kind of articles would attract readers.
デイはどのような記事が読者を引きつけるのか理解していた。

> ※試行調査では出題されましたが，試験本番では正解の数が不明となるこのタイプの出題はありません。本番は，選択肢から答えを指定された数だけ選択する形式です。

解説

　　雑誌記事の該当箇所から，デイの新聞が大成功した理由を読み取れば良いことがわかる。

① 本文中に該当する記述はない。

② 第3段落5文目「デイはまた，もう1つの斬新なアイデアも思いついた。街角で新聞を売る新聞売りである」より正解。

③ 第2段落3文目「多くの労働者階級の人々は新聞を読むことができるが…高すぎるために，彼らは新聞を買わないのだとデイは考えた」より正解。

④ 第3段落2文目「政治や，本や演劇の評論を報じるのではなく，『ザ・サン』は人々の日常生活に焦点を当てていた」に矛盾する。

⑤ 第4段落で大幅に発行部数を伸ばしたことは読み取れるが，「すべての家庭」とは述べられていない。

⑥ 第3段落2～4文目「『ザ・サン』は人々の日常生活に焦点を当てていた。『ザ・サン』は個人の出来事や犯罪を報道した最初の新聞だった。それはアメリカのジャー

ナリズムにおけるパラダイム・シフトへとつながり，新聞は地域社会や読者の生活の重要な一部となった」より正解。

単語リスト

■ distribute	動 を配る	■ demand	名 需要
■ affordable	形 （値段が）手頃な	■ supply	動 を供給する
■ household	名 世帯		

問3　[7]　正解 ③

設問

Which of the following was most likely to have been *The Sun*'s motto?
『ザ・サン』のモットーであった可能性が最も高いのは以下のうちどれか？

① Nothing is more valuable than politics
　政治より価値のあるものはない
② The daily diary of the American Dream
　アメリカンドリームについての日誌
③ *The Sun*: It shines for all
　『ザ・サン』：皆のために輝く
④ Top people take *The Sun*
　トップの人々は『ザ・サン』を選ぶ

解説

　問題文より，『ザ・サン』のモットー（指針として心がけていること）を推測することがわかる。よって，本文中の『ザ・サン』が成功する要因に注目し，それを元にモットーを推測すれば良い。第2段落では労働者階級の人々でも買いやすいように安価な新聞として『ザ・サン』を発行したことが読み取れる。また，第3段落では，『ザ・サン』は政治などではなく，人々の日常生活に焦点を当てた新聞であったことが読み取れる。よって，あらゆる人にとって関心のある内容であったことから，③が正解と推測できる。また，上記のような理由から①・②・④は該当しないため，消去法により③を正解とすることも可能。

単語リスト

■ valuable　形 価値の高い

問4　[8]　正解 ①③⑥

設問

Choose the best statement(s) to complete the poster. (**You may choose more than one option.**)
ポスターを完成させるのに最も適した文章を選びなさい。（**複数選択可。**）

① Information became widely available to ordinary people.

一般の人が情報を広く入手できるようになった。

② Journalists became more conscious of political concerns.

ジャーナリストは政治的関心についてより意識するようになった。

③ Journalists started to write more on topics of interest to the community.

ジャーナリストは（以前よりも）地域社会にとって関心がある話題をより多く取り上げ始めた。

④ Newspapers became less popular with middle-class readers.

新聞は中流階級の読者に以前ほど人気ではなくなった。

⑤ Newspapers replaced schools in providing literacy education.

識字教育の提供において，新聞は学校に取って代わった。

⑥ The role of newspapers became much more important than before.

新聞の役割は以前よりもはるかに重要になった。

※試行調査では出題されましたが，試験本番では正解の数が不明となるこのタイプの出題はありません。本番は，選択肢から答えを指定された数だけ選択する形式です。

解説

雑誌記事から，『ザ・サン』がどのような点でアメリカのジャーナリズムと社会を変えたのかを読み取れば良いことがわかる。

① 第2段落から，労働者階級の人々でも買いやすいように安価な新聞として『ザ・サン』を発行したことが読み取れる。また第3段落5・6文目からはその購入しやすさも読み取れる。よって，広く一般の人々に新聞による情報収集が可能となったことがわかる。

② 第3段落から，『ザ・サン』は当時の他の新聞記事と異なり，政治や評論ではなく，人々の日常生活に焦点を当てていたことがわかるため，不正解。

③ 第3段落から，『ザ・サン』は人々の日常生活に焦点を当てており，個人の出来事や犯罪を報道していたことが読み取れる。

④ 本文中に該当する記述はない。

⑤ 本文中に該当する記述はない。

⑥ 第2段落最終文「（「ペニープレス」の登場は）アメリカのジャーナリズムの歴史において重要で画期的な出来事だった」，第3段落4文目「新聞は地域社会や読者の生活の重要な一部となった」より，新聞の役割は『ザ・サン』登場以前よりもはるかに重要となったと考えられる。

単語リスト

■ ordinary 　形 ふつうの　　　　　■ conscious 　形 （～について）意識している
■ replace 　動 に取って代わる

第3回

目標時間
12分

目標得点
15／20点

解答ページ
P.168

学習日
／

第5問 （配点 20）CEFR：B1 程度

　　Your group is preparing a poster presentation entitled "The Activist Who Refused to Move," using information from the magazine article below.

　　Rosa Parks was born in 1913 in Alabama, U.S. She spent most of her childhood living with her mother and grandparents in Montgomery, Alabama. As an African American in the early twentieth century, Rosa's childhood was not easy. Slavery had been banned only 50 years earlier, and racism (disliking someone based on their race) was common. At the time, many rules prohibited African Americans from using the same facilities as white people. They were forced to use different toilets and drinking fountains, and work in different buildings. This separation between African Americans and whites was called segregation, and Rosa experienced segregation every day as a child.

　　In 1932, Rosa met and married her husband, Raymond Parks. Raymond was an active member of the NAACP (the National Association for the Advancement of Colored People), which aimed to stop segregation and help African Americans. Raymond encouraged Rosa to join the organization. From 1939, in the NAACP, Rosa learned about the need to fight segregation. At this point, Rosa Parks was relatively unknown. Until one day in 1955, when one small action would change history.

　　On December 1, 1955, Rosa was returning home after a long day at work in Montgomery. Like any other day, she paid for her bus ticket and took a seat at the back of the bus in the African American section. On that Thursday, the bus was particularly busy, and after a while, it began to fill up. When the bus driver noticed that some of the white passengers were standing, he walked to the back and asked Rosa and three other African Americans to give their seats to the standing white passengers. Rosa Parks refused. The police were called. She was then arrested, taken away, and charged.

　　In response to her arrest, an estimated 40,000 African Americans protested by refusing to use the buses in Montgomery. At first, the government thought that the protest would only last a few days. But it continued for much longer. At this time, a group of African American lawyers took legal action against the government, arguing that it was illegal to segregate people by race. The protests lasted 381 days and ended when the Supreme Court announced that segregation laws were illegal. For many, Rosa Parks' refusal to leave her seat marked the beginning of the "civil rights movement," a period of time from 1954 through 1968, when African Americans and other groups fought for equal legal rights in the U.S.

Although she was now famous around the world, Rosa's life actually became more difficult. She and her husband were fired from their job as a result of the bus incident. With little choice, they moved to Detroit, Michigan, in search of work. In Detroit, she started a new life and began working for civil rights activist and politician, John Conyers. This job allowed her to continue to fight for equal rights for African Americans. In 1987, Rosa continued her fight by founding the "Rosa and Raymond Parks Institute for Self-Development," an organization that teaches young people about the civil rights movement. For her life's work, President Clinton awarded Rosa Parks with the Presidential Medal of Freedom in 1996. Rosa Parks continued working until her death on October 24, 2005, at the age of 92.

The Activist Who Refused to Move

■ The Life of Rosa Parks

Period	Events	
1913	Rosa was born	
1932	☐ 1	
1939 to 2005	☐ 2 ↓ ☐ 3 ↓ ☐ 4 ↓ ☐ 5	 Rosa Parks

■ About Rosa Parks

▶ Rosa faced segregation as a child.
▶ A number of experiences led Rosa to refuse to leave her seat on the bus:
☐ 6

■ The day that changed everything: On the bus

▶ Her motto might be " ☐ 7 ."
▶ Refusing to move from her seat impacted Rosa's life in a number of ways:
☐ 8

〔オリジナル問題〕

問 1 Members of your group listed important events in Rosa's life. Put the events

into the boxes 　1　 ～ 　5　 in the order that they happened.

① Rosa joined the NAACP

② Rosa met and married Raymond Parks

③ Rosa refused to leave her seat on the bus

④ Rosa started working for John Conyers

⑤ Rosa was awarded the Presidential Medal of Freedom

問 2 Choose the best statements to complete the poster.

(**Choose two options.** The order does not matter.) 　6　

① Rosa did not hear the bus driver asking her to move.

② Rosa had experienced segregation throughout her life.

③ Rosa had had a long day at her job and felt tired.

④ Rosa joined the National Association for the Advancement of Colored People.

⑤ Rosa lived with her grandparents, who also refused to move.

⑥ Rosa met John Conyers; a civil rights activist based in Detroit.

問 3 Which of the following was most likely to have been Rosa's motto?

　7　

① It's not what you do, it's what you know

② One action can change history

③ Public transportation is for everyone

④ Do what the world wants of you

問 4 Choose the best statements to complete the poster.

(**Choose two options.** The order does not matter.) ☐ 8

① She and her husband lost their jobs and needed to move to another city.

② She became famous around the world for her action.

③ She could no longer leave her house because of the protests.

④ She did a number of TV interviews about the bus.

⑤ She took legal action against the bus company and won.

⑥ She was forced by the courts to pay for her lawyer's fees.

問題番号	問 1					問 2	問 3	問 4
解答欄	1	2	3	4	5	6	7	8
正解	②	①	③	④	⑤	②④	②	①②
配点	5*					5*	5	5*

*は，全部を正しくマークしている場合のみ正解とする。

あなたのグループは以下の雑誌記事から得た情報を使って，「席を立つことを拒んだ活動家」という題のポスター発表を準備しています。

[1]¹ローザ・パークスは1913年に米国のアラバマ州で生まれた。²彼女は幼少期の大半をアラバマ州モンゴメリーで母と祖父母とともに暮らして過ごした。³20世紀初頭のアフリカ系アメリカ人として，ローザの幼少期は楽なものではなかった。⁴奴隷制度はわずか50年前に廃止されたばかりで，レイシズム（人種に基づいて他者を嫌うこと）はありふれたことであった。⁵当時，アフリカ系アメリカ人が白人と同じ施設を使うことは多くの規定で禁止されていた。⁶彼らは別のトイレや水飲み場を使うよう，また別の建物で働くよう強要された。⁷アフリカ系アメリカ人と白人のこの分離はセグリゲーションと呼ばれ，ローザは子どもながらに毎日セグリゲーションを経験していた。

[2]¹1932年，ローザは夫となるレイモンド・パークスと出会い，結婚した。²レイモンドはNAACP（全米有色人種地位向上協議会）の積極的なメンバーで，この協議会はセグリゲーションを廃止し，アフリカ系アメリカ人を支援することを目的としていた。³レイモンドはローザにこの団体に加入するよう勧めた。⁴1939年からNAACPでローザはセグリゲーションに立ち向かう必要性を学んだ。⁵この段階ではローザ・パークスは比較的知られていなかった。⁶1955年のある日，1つの小さな行動が歴史を変えることになるまでは。

[3]¹1955年12月1日，ローザはモンゴメリーの職場での長い一日を終え，家に戻るところだった。²いつもと同じように，バスのチケットの代金を支払い，バスの後方のアフリカ系アメリカ人のセクションにある席に座った。³その木曜日，バスは特に混雑していて，しばらくすると満席になり始めた。⁴白人の乗客が数人立っていることにバスの運転手が気づくと，運転手は後方へ歩いて行き，ローザと他のアフリカ系アメリカ人3人に立っている白人の乗客に席を譲るよう要求した。⁵ローザ・パークスは拒んだ。⁶警察が呼ばれた。⁷そして彼女は逮捕され，連行され，起訴されたのだ。

[4]¹彼女の逮捕を受けて，40,000人とも推定されるアフリカ系アメリカ人がモンゴメリーのバスの利用を拒むことで抗議を行った。²当初，政府はこの抗議は数日しか続かないだろうと考えていた。³しかしこれはずっと長期にわたって続いた。⁴このとき，アフリカ系アメリカ人弁護団は政府に対して訴訟を起こし，人種によって人々を分離することは違法だと主張した。⁵この抗議は381日間続き，人種分離法は違法だと最高裁が言い渡し，終了した。⁶多くの人にとって，ローザ・パークスが席を立つのを拒否したことは，1954年から1968年にアフリカ系アメリカ人と他の団体がアメリカ合衆国での平等な法的権利を求めて戦った「公民権運動」の始まりを告げるものとなった。

[5] ¹今や彼女は世界中で有名だが，実際のところローザの生活はさらに困難になった。²彼女と夫はこのバス事件の結果として職場から解雇された。³選択の余地もほとんどなく，彼らはミシガン州デトロイトに仕事を求めて引っ越した。⁴デトロイトで，彼女は新しい生活を開始し，市民権活動家であり政治家でもあるジョン・コニャーズのもとで働き始めた。⁵この仕事により彼女はアフリカ系アメリカ人の平等権を求めて戦い続けることができた。⁶1987年，ローザは公民権運動について若者に教える組織「自己啓発のためのローザ＆レイモンド・パークス協会」を設立することで自身の戦いを続けた。⁷ローザ・パークスの生涯をかけた活動に対し，1996年，クリントン大統領は彼女に大統領自由勲章を授与した。⁸ローザ・パークスは2005年10月24日に92歳でこの世を去るときまでその活動を続けたのである。

席を立つことを拒んだ活動家

■ ローザ・パークスの生涯

時期	出来事
1913	ローザ誕生
1932	1
1939～2005	2 ↓ 3 ↓ 4 ↓ 5

ローザ・パークス

■ ローザ・パークスについて

▶ ローザは幼い頃，セグリゲーションに直面していた。

▶ 多くの経験からローザはバスで席を立つことを拒んだ： 6

■ すべてを変えた日：バスにて

▶ 彼女のモットーは「 7 」と推測される。

▶ 座席移動の拒否はローザの人生に多くの点で影響を与えた： 8

単語リスト

■ activist	名 活動家	■ refuse	動 を拒む

[1]

■ slavery	名 奴隷制度	■ ban	動 を禁止する
■ racism	名 人種差別	■ race	名 人種
■ prohibit	動 を禁止する	■ facility	名 施設
■ fountain	名 噴水	■ separation	名 分離
■ segregation	名 セグリゲーション，人種的分離		

[2]

■ active	形 積極的な	■ advancement	名 向上
■ aim	動 を目的とする		
■ organization	名 組織	■ relatively	副 比較的

[3]

■ take a seat	熟 席に座る	■ particularly	副 特に
■ fill up	熟 いっぱいになる		
■ arrest	動 を逮捕する	■ charge	動 を起訴する

[4]

■ in response to	熟 ～を受けて	■ estimated	形 推定の
■ protest	名動 抗議 (する)	■ at first	熟 当初
■ last	動 続く	■ legal	形 法律の
■ segregate	動 を分離する	■ announce	動 と発表する
■ for many	熟 多くの人にとって	■ refusal	名 拒否
■ civil	形 市民の	■ movement	名 運動
■ equal	形 平等な		

[5]

■ as a result of	熟 ～の結果として	■ incident	名 事件
■ in search of	熟 ～を求めて	■ politician	名 政治家
■ found	動 を設立する		
■ institute	名 協会	■ president	名 大統領

[表]

■ motto	名 モットー	■ a number of	熟 多くの～

問1　1 ～ 5 　正解　1 ②　2 ①　3 ③　4 ④　5 ⑤

訳
設問

Members of your group listed important events in Rosa's life. Put the events into the boxes　1 ～ 5 in the order that they happened.

あなたのグループのメンバーはローザの人生の重要な出来事を一覧表にした。出来事が起こった順に，出来事を空欄 1 ～ 5 に入れなさい。

① Rosa joined the NAACP
ローザは NAACP に加入した

② Rosa met and married Raymond Parks
ローザはレイモンド・パークスと出会い結婚した

③ Rosa refused to leave her seat on the bus
ローザはバスで席を立つことを拒んだ

④ Rosa started working for John Conyers

ローザはジョン・コニャーズのもとで働き始めた

⑤ Rosa was awarded the Presidential Medal of Freedom

ローザに大統領自由勲章が授与された

　問題文より，節目となるような大きな動き・出来事に注意を向ければ良いことがわかる。第2段落1文目「1932年，ローザは夫となるレイモンド・パークスと出会い，結婚した」より，[1]は②が入る。次に，第2段落3・4文目「レイモンドはローザにこの団体［NAACP］に加入するよう勧めた。1939年からNAACPでローザはセグリゲーションに立ち向かう必要性を学んだ」より，[2]は①が入る。さらに，第3段落4・5文目「白人の乗客が・・・・・席を譲るよう要求した。ローザ・パークスは拒んだ」より，[3]には③が入る。そして，第5段落4文目「デトロイトで，彼女は・・・・・ジョン・コニャーズのもとで働き始めた」より，[4]には④が入る。最後に，第5段落7文目「ローザ・パークスの生涯をかけた活動に対し，1996年，クリントン大統領は彼女に大統領自由勲章を授与した」より，[5]には⑤が入る。

問2　[6]　正解 ②④

Choose the best statement(s) to complete the poster. (**Choose two options.** The order does not matter.)

ポスターを完成させるのに最も適した文を選びなさい。(**2つ選択肢を選びなさい**。順不同。)

① Rosa did not hear the bus driver asking her to move.
　ローザはバスの運転手が彼女に移動を求めたのが聞こえなかった。

② Rosa had experienced segregation throughout her life.
　ローザは生涯を通してセグリゲーションを経験した。

③ Rosa had had a long day at her job and felt tired.
　ローザは仕事で長い一日を過ごし疲れていた。

④ Rosa joined the National Association for the Advancement of Colored People.
　ローザは全米有色人種地位向上協会に加入した。

⑤ Rosa lived with her grandparents, who also refused to move.
　ローザは祖父母と一緒に暮らし，彼らも移動を拒んだ。

⑥ Rosa met John Conyers; a civil rights activist based in Detroit.
　ローザはデトロイトを拠点とする市民権活動家のジョン・コニャーズと出会った。

　雑誌記事の該当箇所から，ローザ・パークスがバスで席を立つことを拒むことに繋がった経験［理由］を読み取れば良いことがわかる。

① 席を立つことを拒んでいるため「聞こえなかった」は矛盾する。

② 第1段落最終文に「アフリカ系アメリカ人と白人のこの分離はセグリゲーションと呼ばれ，ローザは子どもながらに毎日セグリゲーションを経験していた」とあり，その後NAACPでセグリゲーションに立ち向かう必要性を学んだ結果として，席を立

第3回　第5問

つことを拒んでいる。よって，正解。

③ 本文中に「疲れていた」という記述はない。

④ 第2段落4文目に「NAACPでローザはセグリゲーションに立ち向かう必要性を学んだ」とあり，第3段落では席を立つことを拒むという行動でセグリゲーションに立ち向かったことがわかる。よって，正解。

⑤ 本文中に該当する記述はない。

⑥ 第5段落から，席を立つことを拒否した後に引っ越しをし，その引っ越し先でジョン・コニャーズと出会っている。よって，時間の前後関係が矛盾する。

問3　　7　　正解 ②

Which of the following was most likely to have been Rosa's motto?
ローザのモットーであった可能性が最も高いのは以下のうちどれか？

① It's not what you do, it's what you know
　何をするかではなく，何を知っているかである

② One action can change history
　1つの行動で歴史を変えることができる

③ Public transportation is for everyone
　公共交通機関はすべての人のためにある

④ Do what the world wants of you
　世界があなたに望むことをしなさい

- -

　問題文より，ローザのモットー［指針として心がけていること］を推測すれば良いことがわかる。よって，本文中のローザが世界中で有名になった原因に注目し，それを元にモットーを推測すれば良い。第1段落では子どもながらに毎日セグリゲーションを経験し，その後，第2段落から，NAACPでセグリゲーションに立ち向かう必要性を学び，結果として1つの小さな行動で歴史を変え，有名になったことがわかる。以降の第3段落から第5段落ではその小さな行動の内容と，それをきっかけとしてどのように歴史が変わったのかなどが記されている。よって，②が正解と推測できる。

- -

■public transportation　複 公共交通機関

問4　　8　　正解 ①②

Choose the best statements to complete the poster. (**Choose two options.** The order does not matter.)
ポスターを完成させるのに最も適した文章を選びなさい。（**2つ選択肢を選びなさい**。順不同。）

① She and her husband lost their jobs and needed to move to another city.
彼女と夫は職を失い，他の都市に引っ越す必要があった。

② She became famous around the world for her action.
彼女は自身の行動によって，世界中で有名になった。

③ She could no longer leave her house because of the protests.
彼女は抗議のためもはや家から出られなくなった。

④ She did a number of TV interviews about the bus.
彼女はバスについて多くのテレビのインタビューを受けた。

⑤ She took legal action against the bus company and won.
彼女はバス会社に対して訴訟を起こし，勝訴した。

⑥ She was forced by the courts to pay for her lawyer's fees.
彼女は裁判所により弁護士費用の支払いを余儀なくされた。

　ポスターから，座席移動の拒否の後，どのような人生がローザに訪れたのかを読み取ることがわかる。

① 第5段落2・3文目から，彼女と夫は職を失い，仕事を求めて引っ越しを余儀なくされたことがわかる。

② 第3段落・第4段落の行動を受け，第5段落1文目「今や彼女は世界中で有名だが」と続くため，正解。

③ 本文中に該当する記述はない。

④ 本文中に該当する記述はない。

⑤ 本文中に該当する記述はない。

⑥ 本文中に該当する記述はない。

■no longer　熟 もはや〜ない

第3回 第5問

MEMO

発表準備に伴う
記事の読み取りと要約

CEFR：B1 程度

回	出典	問題の概要	問題文の語数※	小問	得点
第 1 回	2017 年 試行調査 第 5 問 B	スパイスに関するプレゼンテーションの準備を行う際に，関連記事を読んでメモを取る。記事の概要・要点を把握した上で，情報を整理しながら読み，要約する。	499 words	3 問	/15
第 2 回	2018 年 試行調査 第 6 問 A	グループ発表のための準備をする場面で，アジアの女性パイロットに関する記事を読み，記事の概要・要点や論理展開を把握し，要約する。	568 words	4 問	/12
第 3 回	オリジナル 問題	グループ発表のための準備をする場面で，世界遺産に関する記事を読み，記事の概要・要点や論理展開を把握し，要約する。	595 words	4 問	/12

※設問は語数に含めない。

第5問 (配点 15) CEFR：B1 程度

B You are preparing for a presentation about the characteristics of spices. You have found an article about black and white pepper. You are going to read the article and take notes.

Black and White Pepper

[Part 1]   Some recent studies have increased our understanding of the role of spices in helping us live longer. There are a variety of spices in the world, but most likely you are familiar with two of them, black and white pepper. Black and white pepper both come from the fruit of the same pepper plant. However, they are processed differently. Black pepper is made from the unripe fruit of the pepper plant. Each piece of fruit looks like a small green ball, just 3 to 6 millimeters across. The harvested fruit turns black when it is dried under the sun. Each piece of dried fruit is called a *peppercorn*. The color of the powdered black pepper comes from the skin of the peppercorn. On the other hand, to get white pepper, the pepper fruit is harvested when it is cherry-red. The skin of the fruit is removed before sun-drying. The color of the seed inside the pepper fruit is white. This is how white peppercorns are processed. Because the skin is very thin, the size of black and white peppercorns is similar. White pepper is usually more expensive than black because there are more steps in processing it.

[Part 2]   Where does the flavor of pepper come from? The sharp spicy taste is caused by a natural compound called *piperine*. Not only the seed but also the outer layer of the peppercorn contains lots of piperine. Therefore, some people say black pepper tastes hotter than white. Black pepper also contains many other substances that make its taste more complex. The unique flavor of black pepper produced by the mixed substances goes well with many kinds of dishes. White pepper's flavor is often regarded as more refined than that of black pepper, but it is too weak to bring out the flavor of meat dishes such as steak. Thanks to its color, white pepper is often used in

---

light-colored dishes. Mashed potatoes, white sauce, and white fish may look better when they are spiced with white pepper.

[**Part 3**]   Historically, people have used pepper as a folk medicine. For instance, it was a popular remedy for coughs and colds. The health effect of pepper is partly caused by piperine. Like vitamin C, piperine is a potent antioxidant. This means that, by eating foods including this compound, we may prevent harmful chemical reactions. Furthermore, recent studies have found that pepper reduces the impact of some types of illnesses. All spices that include piperine have this effect on a person's body. Both black and white pepper have the same health benefits.

Complete the notes by filling in ⬚1⬚ to ⬚6⬚.

Notes

Outline:

Part 1: ___⬚1⬚___

Part 2: ___⬚2⬚___

Part 3: ___⬚3⬚___

Table: Comparing Black and White Pepper

Common points	Differences
⬚4⬚	⬚5⬚

Main points: ___⬚6⬚___

〔 2017 年試行調査 〕

問 1 The best headings for Parts 1, 2, and 3 are ┌ 1 ┐, ┌ 2 ┐, and

┌ 3 ┐, respectively. (You may use an option only once.)

① The characteristics of pepper as a spice

② The effects of pepper on health

③ The place of origin of black and white pepper

④ The production of black and white pepper

問 2 Among the following, the common points and differences described in the

article are ┌ 4 ┐ and ┌ 5 ┐, respectively. (You may choose more than

one option for each box.)

① the amount of vitamin C

② the effect on illnesses

③ the flavor

④ the plant

⑤ the price

⑥ the removal of the skin

問 3 This article mainly discusses ┌ 6 ┐.

① the advantages and disadvantages of using black and white pepper
compared to other spices

② the reason why people started to make black and white pepper, and
why they have lost popularity

③ the reason why white pepper is better than black pepper, and why it is
better for us

④ the similarities and differences between white and black pepper, and
also the health benefits of both

第1回

第5問 B

問題番号	問 1			問 2		問 3
解答欄	1	2	3	4	5	6
正解	④	①	②	②④	③⑤⑥	④
配点	5*			5*		5

*は，全部を正しくマークしている場合のみ正解とする。

訳
問題文

あなたは香辛料の特徴についてのプレゼンテーションの準備をしています。あなたは黒コショウと白コショウに関する記事を見つけました。あなたはその記事を読み，メモをとろうとしています。

黒コショウと白コショウ

[パート1]¹最近のいくつかの研究により，我々がより長く生きるのを助ける香辛料の役割についての理解が深まってきた。²世界には様々な香辛料があるが，そのうちの２つである，黒コショウと白コショウには十中八九馴染みがあるだろう。³黒コショウと白コショウは両方とも同じコショウの木の実から得られる。⁴しかしながら，それらには異なる加工処理がなされる。⁵黒コショウはコショウの木の熟していない実から作られる。⁶実の１つひとつは小さな緑色のボールのようで，直径はわずか3から6ミリである。⁷収穫された実は太陽の下で乾燥させると黒くなる。⁸乾燥させた実の１つひとつはペッパーコーン［干したコショウの実］と呼ばれる。⁹粉末状の黒コショウの色は，ペッパーコーンの皮の色によるものである。¹⁰一方，白コショウを得るためには，コショウの実をサクランボ色のときに収穫する。¹¹実の皮は日干しする前に取り除く。¹²コショウの実の中にある種の色は白色だ。¹³これが白いペッパーコーンの製造過程である。¹⁴皮は非常に薄いため，黒いペッパーコーンと白いペッパーコーンの大きさは同じくらいだ。¹⁵白コショウの方がたいてい黒コショウよりも高価なのは，製造の際に白コショウの方が多くの行程を経るためである。

[パート2]¹コショウの風味は何に由来するのだろうか？²そのぴりっとするスパイシーな味は，ピペリンと呼ばれる天然化合物によるものである。³種だけでなくペッパーコーンの外側の皮にも多くのピペリンを含む。⁴それゆえに，黒コショウの方が白コショウよりも辛いという人もいるのだ。⁵黒コショウはまた，その味をより複雑にする他の物質を多く含む。⁶混ぜ合わさった物質によって生み出される黒コショウの独特の風味は，多くの種類の料理に合う。⁷白コショウの風味の方が黒コショウの風味よりも上品と見なされることが多いが，白コショウはステーキのような肉料理の風味を引き出すには弱すぎる。⁸その色のおかげで，白コショウは明るい色の料理に用いられることが多い。⁹マッシュドポテト，ホワイトソース，白身魚は，白コショウで味付けされると，より見栄えが良くなるだろう。

[パート3]¹歴史的に，人々はコショウを民間療法に用いてきた。²例えば，コショウは咳や風邪の一般的な治療薬であった。³コショウの健康への影響は，部分的にはピペリンによるものである。⁴ビタミンCのように，ピペリンは強い効果を持つ抗酸化物質である。⁵これは，この化合物が含まれる食品を食べることにより，有害な化学反応を防ぐ可能性があることを意味する。⁶さらに，最近の研究により，コショウはいくつかの種類の病気の影響を軽減することがわかった。⁷ピペリンを含むすべての香辛料は，人体に対してこの効果を有している。⁸黒コショウと白コショウの両方に同じ健康上のメリットがあるのだ。

1 から 6 を埋めてメモを完成させなさい。

メモ

概要：
パート1: _____ 1 _____
パート2: _____ 2 _____
パート3: _____ 3 _____

表：黒コショウと白コショウの比較

共通点	相違点
4	5

主な点： _____ 6 _____

単語リスト

[Part 1]

■ unripe	形 熟していない	■ across	副 直径で
■ cherry-red	形 サクランボ（鮮紅）色の	■ sun-drying	名 日干し

[Part 2]

■ flavor	名 味，風味	■ compound	名 化合物
■ not only A but also B	熟 A だけでなく B も	■ refined	形 上品な，洗練された
■ substance	名 物質		

[Part 3]

■ folk medicine	複 民間療法	■ remedy	名 治療薬，解決策
■ potent	形 強い効果を持つ	■ antioxidant	名 抗酸化物質

問 1　　1 ～ 3　　正解 1 ④　 2 ①　 3 ②

訳　設問

The best headings for Parts 1, 2, and 3 are 1 , 2 , and 3 , respectively. (You may use an option only once.)

パート 1, 2, 3 に最適な見出しはそれぞれ 1 , 2 , 3 である。(各選択肢は一度しか選べない。)

① The characteristics of pepper as a spice　　香辛料としてのコショウの特徴
② The effects of pepper on health　　健康へのコショウの効果
③ The place of origin of black and white pepper　　黒コショウと白コショウの原産地
④ The production of black and white pepper　　黒コショウと白コショウの製造

解説

「各パートの見出し」が求められているため、それぞれ各段落の要旨 [主に述べられている内容] を一言でまとめた選択肢を選ぶ。

1 ：[Part 1] は 4 文目「しかしながら、それら [黒コショウと白コショウ] には異なる加工処理がなされる」以降は、黒コショウと白コショウの製造過程を詳しく述べている。よって、④が正解。

2 ：[Part 2] は 1 文目で「コショウの風味は何に由来するのだろうか？」と疑問を投げかけ、以降はコショウの風味についての説明に加え、「その風味を活かした料理→香辛料としてのコショウ」へと話を展開している。よって、①が正解。

3 ：[Part 3] は 1 文目で「歴史的に、人々はコショウを民間療法に用いてきた」とし、以降はコショウの健康への影響を説明している。よって、②が正解。

単語リスト

■ heading 名 見出し　■ respectively 副 それぞれ

問 2　　4 ～ 5　　正解 4 ②, ④　 5 ③, ⑤, ⑥

訳　設問

Among the following, the common points and differences described in the article are 4 and 5 , respectively. (You may choose more than one option for each box.)

以下のうち、記事で説明されている共通点と相違点はそれぞれ 4 と 5 である。(それぞれの空欄につき、複数選択可。)

① the amount of vitamin C　　ビタミン C の量
② the effect on illnesses　　病気に対する効果
③ the flavor　　風味

④ the plant　　　　　　　　　　　植物
⑤ the price　　　　　　　　　　　価格
⑥ the removal of the skin　　　　皮の除去

※試行試験では出題されましたが，試験本番では正解の数が不明となるこのタイプの出題はありません。本番は，選択肢から答えを指定された数だけ選択する形式です。

解説

　黒コショウと白コショウの共通点と相違点を分類するため，選択肢ごとに本文と照らし合わせる必要がある。

①「ビタミンCの量」を読み取るため「vitamin C」という表現を本文から探す。すると［Part 3］4文目「Like vitamin C」が目に入る。しかし，その後に続く文には「ビタミンCの量」に関する情報は記されていないため，共通点・相違点とはならない。

②「病気に対する効果」を読み取るため，コショウの健康への影響について記した［Part 3］に目を向ける。最終文「黒コショウと白コショウの両方に同じ健康上のメリットがあるのだ」から，「病気に対する効果」は共通点となる。

③「風味」を読み取るため，コショウの風味について記した［Part 2］に目を向ける。5・6文目「黒コショウはまた，その味をより複雑にする他の物質を多く含む。混ぜ合わさった物質によって生み出される黒コショウの独特の風味は，多くの種類の料理に合う」から，「風味」は相違点となる。比較級は相違を示す。

④「植物」は風味でも健康への影響でもないため，［Part 1］に目を向ける。3文目「黒コショウと白コショウは両方とも同じコショウの木の実から得られる」から，「植物」は共通点となる。

⑤「価格」は風味でも健康への影響でもないため，［Part 1］に目を向ける。最終文「白コショウの方がたいてい黒コショウよりも高価」から，「価格」は相違点となる。比較級は相違を示す。

⑥「皮の除去」を読み取るため，コショウの製造過程について記した［Part 1］に目を向ける。9文目「粉末状の黒コショウの色は・・・皮の色によるものである＝皮の除去なし」と10・11文目「一方，白コショウを得るためには・・・実の皮は日干しする前に取り除く＝皮の除去あり」から，「皮の除去」は相違点となる。"on the other hand"「一方で」は対比関係を表し，相違を示す。

よって，共通点 **4** は②・④，相違点 **5** は③・⑤・⑥となる。

単語リスト

■ removal　名 除去

問 3 ⬚6⬚ 正解 ④

This article mainly discusses ⬚6⬚.

この記事は主に ⬚6⬚ について議論している。

① the advantages and disadvantages of using black and white pepper compared to other spices

　他の香辛料と比較し，黒コショウと白コショウを使うことの長所と短所

② the reason why people started to make black and white pepper, and why they have lost popularity

　人々が黒コショウと白コショウを作り始めた理由と，それらが人気を失った理由

③ the reason why white pepper is better than black pepper, and why it is better for us

　白コショウが黒コショウよりも優れている理由と，白コショウの方が私たちにとってより良いものである理由

④ the similarities and differences between white and black pepper, and also the health benefits of both

　白コショウと黒コショウの間の類似点と相違点，および両者の健康へのメリット

　問2からもわかるように，本文は黒コショウと白コショウの類似点・相違点を，主に製造過程・風味・健康への影響の視点からまとめたものである。よって，④が正解となる。

①の，他の香辛料との比較は本文で述べられていない。

②の，コショウを「作り始めた理由」や「人気を失った理由」は本文で述べられていない。

③の，白コショウと黒コショウのどちらが優れているかについては，本文で述べられていない。

第1回
第5問
Ｂ

第6問 （配点 12） CEFR：B1 程度

A You are preparing for a group presentation on gender and career development for your class. You have found the article below.

Can Female Pilots Solve Asia's Pilot Crisis?

[**1**]　With the rapid growth of airline travel in Asia, the shortage of airline pilots is becoming an issue of serious concern. Statistics show that the number of passengers flying in Asia is currently increasing by about 100,000,000 a year. If this trend continues, 226,000 new pilots will be required in this region over the next two decades. To fill all of these jobs, airlines will need to hire more women, who currently account for 3% of all pilots worldwide, and only 1% in Asian countries such as Japan and Singapore. To find so many new pilots, factors that explain such a low number of female pilots must be examined, and possible solutions have to be sought.

[**2**]　One potential obstacle for women to become pilots might be the stereotype that has long existed in many societies: women are not well-suited for this job. This seems to arise partly from the view that boys tend to excel in mechanics and are stronger physically than girls. A recent study showed that young women have a tendency to avoid professions in which they have little prospect of succeeding. Therefore, this gender stereotype might discourage women from even trying. It may explain why at the Malaysia Flying Academy, for instance, women often account for no more than 10% of all trainees enrolled.

[**3**]　Yet another issue involves safety. People may be concerned about the safety of aircraft flown by female pilots, but their concerns are not supported by data. For example, a previous analysis of large pilot databases conducted in the United States showed no meaningful difference in accident rates between male and female pilots. Instead, the study found that other factors such as a

---

184

pilot's age and flight experience better predicted whether that person is likely to be involved in an accident.

[4]   Despite the expectation that male pilots have better flight skills, it may be that male and female pilots just have skills which give them different advantages in the job. On the one hand, male pilots often have an easier time learning how to fly than do female pilots. The controls in a cockpit are often easier to reach or use for a larger person. Men tend to be larger, on average, than women. In fact, females are less likely than men to meet the minimum height requirements that most countries have. On the other hand, as noted by a Japanese female airline captain, female pilots appear to be better at facilitating communication among crew members.

[5]   When young passengers see a woman flying their plane, they come to accept female pilots as a natural phenomenon. Today's female pilots are good role models for breaking down stereotypical views and traditional practices, such as the need to stay home with their families. Offering flexible work arrangements, as has already been done by Vietnam Airlines, may help increase the number of female pilots and encourage them to stay in the profession.

[6]   It seems that men and women can work equally well as airline pilots. A strong message must be sent to younger generations about this point in order to eliminate the unfounded belief that airline pilots should be men.

問1 According to the article, the author calls the current situation in Asia a crisis because [1] .

① many more male airline pilots are quitting their jobs than before

② the accident rates are increasing among both male and female pilots

③ the number of female pilots has not changed much for the last few decades

④ the number of future pilots needed will be much larger than at present

〔2018年試行調査〕

問 2　According to the article, there is little difference between men and women in ☐2☐.

① how easily they learn to operate airplanes

② how likely they are to be involved in accidents

③ how much time they can spend on work

④ how people perceive their suitability for the job

問 3　In Paragraph [4], the author most likely mentions a Japanese female airline captain in order to give an example of ☐3☐.

① a contribution female pilots could make to the workplace

② a female pilot who has excellent skills to fly a plane

③ a problem in the current system for training airline pilots

④ an airline employee who has made rare achievements

問 4　Which of the following statements best summarizes the article?　☐4☐

① Despite negative views toward female pilots, they can be as successful as male pilots.

② Due to financial problems the percentage of female students in a pilot academy in Asia is too small.

③ In the future many countries worldwide may have to start hiring more female pilots like Asian countries.

④ There is little concern about increasing female pilots in the future because major obstacles for them have been removed.

問題番号	問 1	問 2	問 3	問 4
解答欄	1	2	3	4
正解	④	②	①	①
配点	3	3	3	3

あなたは授業のために，ジェンダー（性別）とキャリア開発に関するグループ発表の準備をしています。あなたは以下の記事を見つけました。

女性パイロットはアジアのパイロット危機を救うことができるか？

[1] [1]アジアにおいて航空機での移動が急速に増加したことに伴い，航空機のパイロット不足が深刻な懸念事項となりつつある。[2]統計によれば，アジアにおいて飛行機で移動する乗客数は現在，年間約１億人ずつ増加している。[3]この傾向が続いた場合，この地域において今後 20 年間で 226,000 人の新たなパイロットが必要となるだろう。[4]これらの仕事の全てを果たすためには，航空会社はより多くの女性を雇用する必要があるが，女性は現在，世界の全パイロットの３％，日本やシンガポールといったアジアの国々ではわずか１％を占めるにすぎない。[5]非常に多数の新たなパイロットを見つけるためには，女性パイロットの人数がこのように少ないことを説明する要因を調べ，可能な解決策を探求しなければならない。

[2] [1]女性がパイロットになることの潜在的な障害の一つは，多くの社会において長く存在してきた，女性はこの仕事に向いていないという固定観念かもしれない。[2]これは，男子は女子よりも機械工学に優れている傾向にあり，身体的にもより強いという考えから生じている部分があるように思われる。[3]最近の研究では，若い女性は成功する見込みの少ない職業を避ける傾向にあることがわかった。[4]したがって，このジェンダーの固定観念は，女性がやってみることさえも思いとどまらせているのかもしれない。[5]これは，例えば，マレーシア航空専門学校で，入学したすべての訓練生のうち，女性がわずか 10% を占めるにすぎないということがよくある理由の説明になるかもしれない。

[3] [1]しかし，もう一つの問題は安全性に関係している。[2]人々は女性パイロットが操縦する飛行機の安全性について心配するかもしれないが，彼らの懸念はデータによって裏付けられたものではない。[3]例えば，以前アメリカで行われた大規模なパイロットのデータベースの分析により，男性パイロットと女性パイロットの事故率に有意な差はないことがわかった。[4]代わりに，パイロット

の年齢や飛行経験のような他の要因の方が，その人物が事故に関与する可能性があるかどうかをより良く予測すると，その研究によってわかった。

[4] ¹男性パイロットの方がより高い飛行技術を持っているという予想に関わらず，男性パイロットと女性パイロットは単に，この仕事において異なる強みとなる技術を持っているだけなのかもしれない。²一方で，男性パイロットは女性パイロットよりも操縦の仕方をより容易に習得する場合が多い。³コックピット内の操縦装置は，より大柄な人にとって手が届きやすく，扱いやすいことが多い。⁴男性の方が，平均的に，女性よりも体が大きい傾向にある。⁵実際，ほとんどの国が設けている最低身長条件を満たす可能性は男性よりも女性の方が低い。⁶他方では，ある航空会社の日本人女性機長が述べているように，女性パイロットの方が乗組員の間で円滑にコミュニケーションを取ることに長けているように思える。

[5] ¹若い乗客は自分たちの乗る飛行機を女性が操縦しているのを見て，女性パイロットを自然なこととして受け入れるようになっている。²今日の女性パイロットは，家族と一緒に家にいる必要があるといった固定観念や伝統的な慣習を打ち破る優れたお手本である。³ベトナム航空ですでに行われているように，柔軟な就労形態を提供することが，女性パイロットの数を増やし，彼女たちがパイロットの職にとどまることを促す助けとなるかもしれない。

[6] ¹男性も女性も航空機のパイロットとして同じように上手く働くことができるように思える。²航空機のパイロットは男性であるべきだという根拠のない考えをなくすために，この点に関して，強いメッセージを若い世代に向けて送らなければならない。

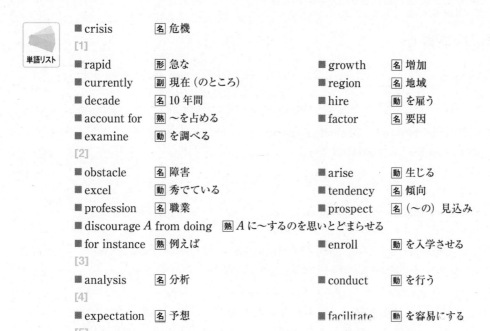

単語リスト

■ crisis	名 危機			

[1]

■ rapid	形 急な		■ growth	名 増加
■ currently	副 現在 (のところ)		■ region	名 地域
■ decade	名 10 年間		■ hire	動 を雇う
■ account for	熟 〜を占める		■ factor	名 要因
■ examine	動 を調べる			

[2]

■ obstacle	名 障害		■ arise	動 生じる
■ excel	動 秀でている		■ tendency	名 傾向
■ profession	名 職業		■ prospect	名 (〜の) 見込み
■ discourage A from doing	熟 A に〜するのを思いとどまらせる			
■ for instance	熟 例えば		■ enroll	動 を入学させる

[3]

■ analysis	名 分析		■ conduct	動 を行う

[4]

■ expectation	名 予想		■ facilitate	動 を容易にする

[5]

■ phenomenon	名 現象		■ flexible	形 融通のきく
■ work arrangement	複 就労形態			

[6]

■ eliminate	動 を完全に取り除く		■ unfounded	形 根拠のない

問1 [1] 正解 ④

設問

According to the article, the author calls the current situation in Asia a crisis because [1] .

記事によれば，著者は現在のアジアの状況を危機と呼んでいる。なぜなら，[1]からである。

① many more male airline pilots are quitting their jobs than before
　以前よりもずっと多くの男性航空機パイロットが仕事を辞めている

② the accident rates are increasing among both male and female pilots
　男性パイロットと女性パイロットの双方において事故率が上昇している

③ the number of female pilots has not changed much for the last few decades
　女性パイロットの数はここ数十年間でそれほど変化していない

④ the number of future pilots needed will be much larger than at present
　将来必要とされるパイロットの数は現在よりはるかに多くなる

解説

　問題文より，アジアの抱えている危機的な状況を読み取れば良いことがわかる。第1段落1〜3文目「アジアにおいて…航空機のパイロット不足が深刻な懸念事項となりつつある。統計によれば…乗客数は現在，年間約1億人ずつ増加している。この傾向が続いた場合…今後20年間で226,000人の新たなパイロットが必要となるだろう」より，④が正解。

第
2
回

第
6
問

A

問2 ☐2☐ 正解②

According to the article, there is little difference between men and women in ☐2☐ .
記事によれば，☐2☐ において男性と女性の間に違いはほとんどない。

① how easily they learn to operate airplanes
　　飛行機の操縦をどれほど容易に習得するか

② how likely they are to be involved in accidents
　　事故に関与する可能性がどれほど高いか

③ how much time they can spend on work
　　仕事にどれほどの時間を費やすことができるか

④ how people perceive their suitability for the job
　　人々がこの仕事に対する適合性をどのように理解しているか

　　問題文より，男女で違いが見られないことを読み取れば良いことがわかる。第3段落3文目「男性パイロットと女性パイロットの事故率に有意な差はないことがわかった」より，②が正解。①については第4段落2文目「男性パイロットは女性パイロットよりも操縦の仕方をより容易に習得する場合が多い」で差として触れているため不可。③・④については本文で触れられていない。

■ perceive 　動 を理解する　　■ suitability 　名 適していること

問3 ☐1☐ 正解①

In Paragraph [4], the author most likely mentions a Japanese female airline captain in order to give an example of ☐3☐ .
第4段落では，☐3☐ の例を挙げるために，著者はある航空会社の日本人女性機長について言及した可能性が最も高い。

① a contribution female pilots could make to the workplace
　　女性パイロットができる職場への貢献

② a female pilot who has excellent skills to fly a plane
　　飛行機を操縦する素晴らしい技術を持つ女性パイロット

③ a problem in the current system for training airline pilots
　　航空機パイロットを訓練する現在のシステムの問題

④ an airline employee who has made rare achievements
　　めったにない実績を挙げた航空会社の従業員

問題文より，ある航空会社の日本人女性機長は何の例として挙げられているかを本文より推測することがわかる。第4段落は男性パイロットと女性パイロットは「異なる強み」を持つことを述べた段落であることが1文目から読み取れる。つまり，女性ならではの強みを持つパイロットの例として，日本人女性機長が挙げられていると考えられる。よって，①が正解。②・③・④は女性パイロットならではの強みを述べたものではない点に注意。

■ contribution　名 貢献　　　■ achievement　名 業績

問4　4　正解 ①

Which of the following statements best summarizes the article?
記事を最も良く要約している文は以下のうちどれか？

① Despite negative views toward female pilots, they can be as successful as male pilots.
女性パイロットに対する否定的な見方にも関わらず，彼女たちは男性パイロットと同様に成功する可能性がある。

② Due to financial problems the percentage of female students in a pilot academy in Asia is too small.
財政的な問題が原因で，アジアのパイロット専門学校の女子学生の割合はあまりに少なすぎる。

③ In the future many countries worldwide may have to start hiring more female pilots like Asian countries.
将来，世界中の多くの国々がアジア諸国のように，より多くの女性パイロットを雇用し始めなければならなくなるかもしれない。

④ There is little concern about increasing female pilots in the future because major obstacles for them have been removed.
女性パイロットにとっての主要な障害が取り除かれたので，将来，女性パイロットを増やすことについてほとんど懸念はない。

　要約は本文の一部ではなく，全体をまとめたものを選ぶ。全体の流れは「女性はパイロットに向いていないという固定観念があるが，男性パイロットと女性パイロットには異なる強みがあり，女性も航空機のパイロットとして男性と同じように上手くやっていけるように思える」となっている。よって，①が正解。

■ summarize　動 を要約する　　　　　■ financial　形 財政上の

第6問 (配点 12) CEFR：B1 程度

A You are preparing for a group presentation on World Heritage Sites for your class. You have found the article below.

How to Become a World Heritage Site

[1]　The United Nations Educational, Scientific and Cultural Organization (UNESCO) keeps a list of World Heritage Sites, which aims to include all of the world's most important natural and cultural places.　Any kind of place can become a World Heritage Site, as long as it is of great value to the world. This includes human-made places like an ancient ruin, building, city or monument, as well as natural places like a forest, mountain, island, lake or natural area.

[2]　At present, there are 1,121 World Heritage Sites around the world, and the UNESCO Committee meets once a year to decide whether any new sites should be added. Becoming a World Heritage Site has many advantages: They are protected from development and damage, they can receive money for conservation and protection, and they attract tourists, which brings economic benefits to an area. Because of these benefits, the process of becoming a World Heritage Site is long and often difficult.

[3]　The first stage of the process is identifying a location and requesting that the location become a UNESCO site; this is called nomination. Only national governments can nominate places in their country to be included on the list. For example, only the Australian government can nominate places in Australia. In order to nominate a place, a government has to produce a file that includes all the information relating to the place and reasons why it should become a World Heritage Site. Nomination files have to be received by UNESCO by February 1 each year for the process to start the following year.

[4]   Once the nominations have been received, UNESCO goes through an evaluation process according to a set of rules so that the process is fair, consistent, and professional. Nominated places must be identified as being extremely important and must meet at least one of ten assessment standards. These assessment standards relate to either culture or nature. For example, the following relates to culture; "shows the highest level of human creativity and cultural significance". And this example relates to nature; "contains areas of exceptional natural beauty and importance". As you can see from these examples, the criteria to become a World Heritage Site are very tough indeed.

[5]   It is also possible for a site to be removed from the list. Each time the UNESCO committee meets, in addition to assessing new nominations, they also consider whether any changes have reduced the value of places on the list. If such changes have happened, then a site can be removed from the World Heritage list. For example, in 2009, the Dresden Elbe Valley in Germany was removed from the list because a bridge was constructed in the valley, reducing its importance according to UNESCO.

[6]   Although the World Heritage list has been largely successful in terms of protecting and conserving important sites around the world, there have been some criticisms of the UNESCO system. For example, almost 50% of all World Heritage Sites are in Europe or North America. This may be because the process of nominating a site is expensive, so poorer countries are less likely to do it. But perhaps an even bigger concern is that becoming a World Heritage Site often results in large numbers of tourists. This can lead to a site losing the value that made it special in the first place.

問 1　According to the article, the author thinks that listing a World Heritage Site is ☐ 1 ☐ .

① useful for protecting an area

② expensive but interesting

③ overly-complex and not worth the effort

④ simple and easy to follow

〔 オリジナル問題 〕

問 2　According to the article, all UNESCO World Heritage Sites
have to be ☐2☐.

 ① areas of outstanding natural beauty

 ② extremely important in terms of culture

 ③ in Europe or North America

 ④ very special, either culturally or naturally

問 3　In Paragraph [6], what does the author suggest is the main issue
with the World Heritage Site system? ☐3☐

 ① It can result in too many tourists reducing the value of a site.

 ② It has failed to protect and conserve important sites around the world.

 ③ It is biased towards sites in richer countries.

 ④ It is possible for a site to be removed from the list.

問 4　Which of the following statements best summarizes the article?
☐4☐

 ① Becoming a World Heritage Site has increased tourist numbers in many
places and made some people very rich.

 ② Becoming a World Heritage Site has resulted in many problems for
some places.

 ③ Becoming a World Heritage Site is an important goal for most places
of cultural importance.

 ④ Becoming a World Heritage Site is a lot of hard work, but it has many
advantages.

問題番号	問 1	問 2	問 3	問 4
解答欄	1	2	3	4
正解	①	④	①	④
配点	3	3	3	3

あなたは世界遺産についてのグループ発表を授業用に準備しています。あなたは以下の記事を見つけました。

世界遺産になる方法

[1]¹国連教育科学文化機関（UNESCO／ユネスコ）は世界遺産のリストを管理し，そのリストは世界の最も重要な自然および文化的な場所をすべて収録することを目的としている。²どのような場所でも，世界にとって大きな価値がある限りは世界遺産になることができる。³これには森林，山，島，湖または自然地域のような自然の場所だけでなく，古代遺跡，建物，都市および記念碑のような人間が造り出した場所も含まれる。

[2]¹現在，世界中で1,121の世界遺産があり，UNESCO委員会は一年に一度開かれ，新たな場所が加えられるべきかどうかを決定する。²世界遺産になることには多くの恩恵がある。開発や損害から保護され，保存や保護のための資金を受け取ることができ，また観光客を引き寄せることで，地域に経済的利益がもたらされる。³こうした恩恵があるため，世界遺産になる過程は長く，困難なことが多い。

[3]¹この過程の最初の段階は場所を明らかにすること，そしてその場所がUNESCOの認定地になることを要請することである。これはノミネーションと呼ばれる。²国の政府のみがリストに含まれることになる自国の場所をノミネートできる。
³例えば，オーストラリア政府のみがオーストラリアの場所をノミネートすることができるということである。⁴場所をノミネートするために，政府はその場所に関するすべての情報と世界遺産になるべき理由を含むファイルを作成しなければならない。⁵ノミネーションファイルは毎年2月1日までに，翌年に開始される過程用にUNESCOに受理されなければならない。

[4] ¹一旦ノミネーションが受理されると，過程が公正で一貫性があり専門的であるよう，UNESCOは一連の規定に従って評価のプロセスを踏む。²ノミネートされた場所は非常に重要であると認定され，10の評価基準の少なくとも１つに合致していなければならない。³これらの評価基準は文化または自然のどちらかに関連している。⁴例えば，以下は文化に関するものである。「人間の創造性および文化的重要性において最も高度なレベルを示す」。⁵そして次の例は自然に関するものである。「類まれな自然美および重要性を有している地域を含む」。⁶こうした例からわかるように，世界遺産になるための基準は実に非常に厳しいのである。

[5] ¹認定地がリストから除外されることもまたありえる。²UNESCO委員会が開催される度，新たなノミネーションの評価に加え，何かしらの変化によりリストの認定地の価値が下がっていないかどうかも検討する。³こうした変化が生じていた場合，認定地が世界遺産リストから除外される可能性がある。⁴例えば，UNESCOによるとドイツのドレスデン・エルベ渓谷は，その渓谷に橋が建設されたことでその重要性が低下したとの理由で2009年に除外された。

[6] ¹世界遺産リストは世界中の重要な場所を保護し保存するという点でおおむね成功を収めてきたが，これまでにUNESCOのシステムに関する批判もなされてきた。²例えば，世界遺産のほぼ50%はヨーロッパや北アメリカに位置する。³これは場所をノミネートする過程に費用がかかるため，経済的余裕が少ない国はそうする傾向が低いからかもしれない。⁴しかし，おそらくさらに大きな懸念は，世界遺産になることでしばしば大勢の旅行客が押し寄せることである。⁵このことがそもそもその場所を特別にしてきた価値を失うことに繋がりかねない。

■ presentation　　名 発表
■ heritage　　名 遺産

[1]

■ the United Nations　　複 国際連合
■ cultural　　形 文化的な

■ as long as　　熟 〜である限りは
■ of (great) value　　熟 (非常に) 価値がある

■ monument　　名 記念碑
■ A as well as B　　熟 B同様Aも

[2]

■ at present　　熟 現在
■ whether　　接 〜かどうか

■ protect　　動 を保護する
■ development　　名 開発

■ damage　　名 損害
■ conservation　　名 保存

■ protection　　名 保護
■ attract　　動 を引き寄せる

■ economic　　形 経済的な
■ benefit　　名 利益

■ process　　名 過程

[3]

■ identify　　動 を明らかにする
■ location　　名 場所

■ nomination　　名 推薦
■ nominate　　動 を推薦する

■ in order to do　　熟 〜するために
■ relating to　　熟 〜に関する

[4]

■ go through　　熟 〜を経る
■ evaluation　　名 評価

■ according to　　熟 〜に従って
■ consistent　　形 一貫した

■ at least　　熟 少なくとも
■ assessment　　名 評価

■ standard　　名 基準
■ significance　　名 重要性

■ contain　　動 を含む
■ exceptional　　形 類まれな

■ criteria　　名 基準
■ tough　　形 厳しい

[5]

■ remove　　動 を除外する
■ in addition to　　熟 〜に加えて

■ assess　　動 を評価する
■ reduce　　動 を低下させる

■ construct　　動 を建設する

[6]

■ largely　　副 おおむね
■ in terms of　　熟 〜の点で

■ conserve　　動 を保存する
■ criticism　　名 批判

■ large numbers of　　熟 たくさんの〜
■ in the first place　　熟 そもそも

問1　　1　　正解 ①

According to the article, the author thinks that listing a World Heritage Site is ⎡ 1 ⎦.
記事によれば，筆者は世界遺産のリストを作ることは ⎡ 1 ⎦ と考えている。

① useful for protecting an area　　　　　地域を保護するのに有益
② expensive but interesting　　　　　　高額だが興味深い
③ overly-complex and not worth the effort　　過度に複雑で取り組む価値がない
④ simple and easy to follow　　　　　　簡潔で従いやすい

　　問題文より，世界遺産のリストを作ることを筆者はどのように考えているのかを読み取れば良いことがわかる。第6段落1文目前半「世界遺産リストは世界中の重要な場所を保護し保存するという点でおおむね成功を収めてきた」より，①が正解。

「successful（成功した）→ useful（有益な）」の言い換えがポイント。また，同じ出来事に対して「successful（成功した）」と感じる人もいれば「unsuccessful（失敗した）」と感じる人もいる。つまり，successful を初めとする形容詞情報は，筆者・話者の考えであることが多いため，この文が筆者の考えを示す文であることに気付くかどうかもポイントとなる。

■ overly 　　　副 過度に
■ complex 　　形 複雑な
■ worth 　　　前 ～の価値がある

問2　2　正解 ④

According to the article, all UNESCO World Heritage Sites have to be 　2　.
記事によれば，すべての UNESCO 世界遺産は 2 必要がある。

① areas of outstanding natural beauty
　突出した自然美の地域である

② extremely important in terms of culture
　文化的に非常に重要である

③ in Europe or North America
　ヨーロッパまたは北アメリカに位置する

④ very special, either culturally or naturally
　文化的または自然的に非常に特別である

　問題文より，すべてのUNESCO世界遺産に共通して必要とされることを読み取れば良いことがわかる。第4段落2・3文目「ノミネートされた場所は・・・・・10の評価基準の少なくとも1つに合致していなければならない。これらの評価基準は文化または自然のどちらかに関連している」より，④が正解。

■ outstanding 　形 突出した
■ culturally 　　副 文化的に
■ naturally 　　副 自然的に

問3　3　正解 ①

In Paragraph [6], what does the author suggest is the main issue with the World Heritage Site system?
第6段落では，筆者は世界遺産のシステムについて何が主な問題だと示唆しているか？

① It can result in too many tourists reducing the value of a site.
　観光客が増えすぎて場所の価値を下げることに繋がりかねない。

② It has failed to protect and conserve important sites around the world.

世界中の重要な場所の保護や保存に失敗してきた。

③ It is biased towards sites in richer countries.
富裕国にある場所に偏っている。

④ It is possible for a site to be removed from the list.
場所がリストから除外される可能性がある。

　問題文より，世界遺産システムにおける主な問題点を読み取れば良いことが分かる。具体的な問題は2・3文目と4・5文目で述べられているが，「さらに大きな懸念は」から，4・5文目が主な問題であることがわかる。よって「世界遺産になることでしばしば大勢の旅行客が押し寄せることである。このことがそもそもその場所を特別にしてきた価値を失うことに繋がりかねない。」より，①が正解。

■ (be) biased　形 偏っている

問4　4　正解 ④

Which of the following statements best summarizes the article?
記事を最も良く要約している文は以下のうちどれか？

① Becoming a World Heritage Site has increased tourist numbers in many places and made some people very rich.
世界遺産になることで多くの場所で観光客数が増え一部の人が非常に裕福になった。

② Becoming a World Heritage Site has resulted in many problems for some places.
世界遺産になることでいくつかの場所では多くの問題が生じた。

③ Becoming a World Heritage Site is an important goal for most places of cultural importance.
世界遺産になることは文化的に重要なたいていの場所にとって重要な目標である。

④ Becoming a World Heritage Site is a lot of hard work, but it has many advantages.
世界遺産になることは大変な作業だが，恩恵も多くある。

　要約は本文の一部ではなく，全体をまとめたものを選ぶ。第1段落で世界遺産についての大まかな説明を行い，第2段落では世界遺産になることの恩恵，第3・4段落ではその過程が長く困難であること，第5段落ではリストからの除外の可能性が述べられ，第6段落で話をまとめて締めている。よって，第2～5段落を一言でまとめた④が正解。

■ summarize　動 を要約する

10

長い文の
読み取りと要約

CEFR：B1 程度

回	出典	問題の概要	問題文の語数※	小問	得点
第1回	2017年 試行調査 第6問	サマーキャンプに参加したある少年の物語を読んで，ワークシートにその内容や感想をまとめる。登場人物の特徴等を含む物語の概要を把握する。	1019 words	4問	/15
第2回	2018年 試行調査 第6問 B	イエローストーン国立公園で起こった出来事に関する記事を読む。記事の概要・要点を把握した上で，情報を整理しながら読み，要約する。	505 words	4問	/12
第3回	オリジナル 問題	未来の技術の調査のために人工知能に関する記事を読む。記事の概要・要点を把握した上で，情報を整理しながら読み，要約する。	523 words	4問	/12

※設問は語数に含めない。

第1回

第6問 （配点 17）CEFR：B1 程度

You are writing a review of the story, "Oscar's Camp Canyon Experience," in class.

Oscar's Camp Canyon Experience

Twelve-year-old Oscar has just finished a wonderful week at Camp Canyon. He had the time of his life—making new friends, developing new skills, and discovering a love for science among many other things. And Oscar learned an important lesson: Sometimes, when faccd with a difficult situation, it's best just to let it go. He learned, too, that things are not always what they seem.

Camp Canyon is a summer camp for boys and girls from eight to sixteen. In the U.S., there are many kinds of camps. Often, kids focus on particular skills or learn values from religious books and traditions. Camp Canyon, though, is different. Its main aim is for the kids to discover for themselves how to deal with difficult situations using ideas based on the importance of communication and mutual respect. During their week at the camp, the kids develop their powers of judgment and sense of right and wrong—all while having fun swimming, playing games, and doing hands-on science and nature projects.

This was Oscar's second summer at Camp Canyon, and he enjoyed showing newcomers around. On the first day, he introduced himself to Dylan, a boy of his age attending the camp for the first time. Oscar spent a lot of time helping Dylan get used to his new circumstances, and they quickly became close friends. They both enjoyed playing video games and climbing trees, and at the camp they discovered a shared love of Gaga Ball, a form of dodgeball. Oscar and Dylan played Gaga Ball until they were exhausted, throwing the ball at the other kids and screaming with laughter. Afterward, sitting on their bunk beds, they would talk for hours about their home and school lives, and how much they were enjoying Camp Canyon.

One of the other campers was a boy named Christopher. Initially, Christopher seemed like a well-behaved, fun-loving boy. Oscar couldn't wait to get to know him. However, it wasn't long before Christopher's behavior started to change. He didn't bother to make his bed. He left games and other belongings lying around on the floor. He was inconsiderate and self-centered. And he was mean, as Oscar and Dylan soon found out.

"Dylan didn't brush his teeth. And he's smelly! He didn't take a shower today," shouted Christopher at breakfast, making sure all the other kids could hear.

Oscar and Dylan were shocked to hear Christopher's comments. Oscar had always tried his hardest to make everyone feel welcome. Christopher seemed to take great delight in saying things that upset the other two boys. He even pushed in front of Oscar when they were lining up for lunch. He just laughed when Oscar angrily protested.

Oscar consulted the camp counselor about their problems with Christopher. She gave Christopher a strong warning, but, if anything, his behavior got worse. The other kids just kept out of his way, determined not to let anything spoil their fun activities at camp.

One of these activities was a discussion session with a science teacher. Although Oscar had shown little interest in science at school, this was something he really enjoyed at the camp. The kids talked with the teacher, growing increasingly excited with each new scientific fact they discovered. Oscar was particularly fascinated to learn about reflected light and how we see certain colors. A red object, for example, absorbs every color of the rainbow, but reflects only red light to our eyes.

"So," Oscar reported breathlessly to Dylan, "a red object is actually every color EXCEPT red—which is reflected! Isn't that amazing? I just love science!" Things, he had come to realize, are not always what they seem.

The campers also discussed ethics and the rules that would be best for the

〔 2017 年試行調査 〕

group as they experienced their week together. Whenever there was a disagreement, they stopped to consider what might be the right or wrong thing to do according to each situation. In this way, they learned to function together as a harmonious group.

Through these discussions, Oscar learned that there is not always an obvious solution to a problem. Sometimes, as with the case of Christopher's bad behavior, the answer might just be to let it go. Oscar realized that getting upset wasn't going to change anything, and that the best way to resolve the situation without drama would be to walk away from it. He and Dylan stayed calm, and stopped reacting to Christopher's insults. This seemed to work. Soon, Christopher lost interest in bothering the boys.

The end of the week came far too quickly for Oscar. His memories of the camp were still fresh when, a few days after returning home, he received a postcard from Christopher.

> *Dear Oscar,*
>
> *I'm really sorry for the way I behaved at camp. You and Dylan seemed to be having so much fun! I felt left out, because I'm not very good at sports. Later, when you stopped paying attention to my bad behavior, I realized how silly I was being. I wanted to apologize then, but was too embarrassed. Are you going to the camp again next year? I'll be there, and I hope we can be friends!*
>
> *So long,*
> *Christopher*

Yes, thought Oscar, when he had recovered from his surprise, with Christopher, he had been right to let it go. Putting down the postcard, he remembered something else he had learned at camp: Sometimes, things are not what they seem.

Complete the review by filling in ☐ 1 to ☐ 5 .

Story Review

Title:

Oscar's Camp Canyon Experience

Outline

Beginning		Middle		Ending
Oscar's second time at Camp Canyon started with him welcoming newcomers.	→	☐ 1 → ☐ 2	→	Oscar applied what he had learned at camp to find a solution to the problem.

Main characters

- Oscar was active and sociable.
- Christopher might have seemed unfriendly, but actually he was ☐ 3 .

Your opinions

I don't think Oscar really knew how to deal with the problem. All he did was ☐ 4 . He was lucky Christopher's behavior didn't get worse.

This story would most likely appeal to...

Readers who want to ☐ 5 .

問 1 (a)　[1]

① All the camp participants quickly became good friends.

② Most campers stopped enjoying the fun activities.

③ One of the campers surprisingly changed his attitude.

④ The camp counselor managed to solve a serious problem.

問 1 (b)　[2]

① Christopher continued to behave very badly.

② Dylan could understand how light is reflected.

③ Oscar played a leading role in group discussions.

④ The counselor reconsidered her viewpoint.

問 2　[3]

① just unhappy because he was unable to take part in all the activities

② probably nervous as he was staying away from home for the first time

③ smarter than most campers since he tried to hide his honest opinions

④ thoughtful enough to have brought games to share with his friends

問 3　[4]

① avoid a difficult situation

② discuss ethics and rules

③ embarrass the others

④ try to be even friendlier

問 4　[5]

① get detailed information about summer outdoor activities

② read a moving story about kids' success in various sports

③ remember their own childhood experiences with friends

④ understand the relationship between children and adults

問題番号	問1 (a)	問1 (b)	問2	問3	問4
解答欄	1	2	3	4	5
正解	③	①	①	①	③
配点	5*		4	4	4

*は，全部を正しくマークしている場合のみ正解とする。

あなたは授業で，『オスカーのキャンプ・キャニオンでの経験』という物語のレビューを書いています。

オスカーのキャンプ・キャニオンでの経験

[1] ¹12歳のオスカーは，キャンプ・キャニオンでの素晴らしい一週間をちょうど終えたところだ。²新しい友人を作り，新たな技能を向上させ，数ある中でも科学がとても好きだということが発見できたりと，彼はこの上なく楽しい時間を過ごした。³そして，オスカーは大切な教訓を学んだ：困難な状況に直面したとき，時にはただそのままにしておくことが最善だということだ。⁴また彼は，物事が必ずしも見かけ通りとは限らないことも学んだ。

[2] ¹キャンプ・キャニオンは，8歳から16歳までの少年・少女のためのサマーキャンプである。²アメリカには，多くの種類のキャンプがある。³多くの場合，子どもたちは特定の技能に集中して取り組んだり，宗教の本や伝統から価値観を学んだりする。⁴しかし，キャンプ・キャニオンは違う。⁵その主な目的は，コミュニケーションやお互いを尊重することの重要性に基づいた考えを用いて，子どもたちが自分たち自身で困難な状況に対処する方法を見つけ出すことである。⁶キャンプでの一週間の間に，泳いだり，ゲームをしたり，実践的な科学や自然に関する学習課題に取り組んだりして楽しみながら，子どもたちは判断力と善悪の分別を育む。

[3] ¹今回はオスカーにとってキャンプ・キャニオンで過ごす二度目の夏だったので，新しい参加者を案内して楽しんだ。²初日に，初めてキャンプに参加している自分と同じ年の少年であるディランに，彼は自己紹介をした。³オスカーはディランが新しい環境に慣れる手助けをして多くの時間を過ごし，彼らはすぐに親友になった。⁴彼ら二人はテレビゲームをしたり木登りをしたりして楽しみ，そのキャンプで，二人ともドッジボールの一種であるガガボールがとても好きだということを発見した。⁵オスカーとディランは，ボールを他の子どもたちめがけて投げ，大きな笑い声をあげながら，疲れ果てるまでガガボールをした。⁶その後，自分たちの二段ベッドに座りながら，彼らは家のことや学校生活，そしてどれほどキャンプ・キャニオンを楽しんでいるかについて何時間も語り合ったものだった。

[4] ¹他のキャンプ参加者の一人に，クリストファーという名前の少年がいた。²初めのうちは，クリストファーは行儀が良く，楽しいこと好きの少年に思えた。³オスカーは彼と知り合いになるのが待ちきれなかった。⁴しかし，間もなくクリストファーの態度は変わり始めた。⁵彼はベッドを整えようとしなかった。⁶彼はゲームや他の持ち物を床に転がしたままにした。⁷彼は思いやりがなく，自己中心的だった。⁸そして，オスカーとディランがすぐに気づいたように，彼は意地悪だった。

[5] ¹「ディランは歯を磨かなかった。それに臭い！　彼は今日シャワーを浴びていないんだ」と，クリストファーは朝食のときに，確実に他の子どもたち全員に聞こえるように大声で言った。

[6] ¹オスカーとディランはクリストファーの発言を聞いてショックを受けた。²オスカーはみんなが温かく迎え入れられていると感じられるように常にベストを尽くしてきた。³クリストファーは，他の二人の少年を動揺させることを言ってとても喜んでいるようだった。⁴オスカーとディランが昼食の列に並んでいるときに，彼はオスカーの前に割り込むことさえした。⁵オスカーが怒って抗議しても，彼はただ笑っただけだった。

[7] ¹オスカーは，クリストファーとの問題について，キャンプのカウンセラーに相談した。²彼女はクリストファーに強く注意したが，むしろ彼の態度は悪くなっていった。³他の子どもたちはただ彼と関わらないようにして，キャンプでの楽しい活動をだいなしにされないよう決めていた。

[8] ¹キャンプでのそのような活動の1つは，科学の先生との討論会だった。²オスカーは学校ではほとんど科学に興味を示さなかったが，この討論会は彼がキャンプで本当に楽しんでいたものだった。³子どもたちは先生と話し合い，自分たちが新たに知る科学的事実ごとにますます興奮した。⁴反射光と色の見え方について学ぶことに，オスカーは特に魅了された。⁵例えば，赤色の物体は虹のすべての色を吸収するが，我々の目には赤い光のみを反射するのである。

[9] ¹「ということは」と，オスカーは息を切らしてディランに告げた。「赤色の物体は，本当は反射されている赤色を除いたすべての色なんだ！　これってすごいことじゃないか？　僕は本当に科学が大好きだ！」²物事は必ずしも見かけ通りとは限らないことに，彼は気がつくようになっていた。

[10] ¹キャンプ参加者はまた，一週間を共に過ごして，自分たちのグループにとって最善の倫理と規則についても話し合った。²意見の相違があったときはいつでも，それぞれの状況によって何が正しい行動で何が間違っている行動かを，じっくり考えた。³このようにして，彼らは調和のとれたグループとして，協力して機能することを学んだ。

[11] ¹これらの話し合いを通じて，ある問題に対して必ずしも明白な解決策があるとは限らないことをオスカーは学んだ。²クリストファーのひどい態度の場合のように，時としてその答えはただそのままにしておくことなのかもしれない。³動揺しても何も変えることにはならず，劇的な出来事なしにその状況を解決する最善の方法は，そこから離れることであるだろうとオスカーは気がついた。⁴彼とディランは平静を保って，クリストファーの侮辱的言動に反応することを止めた。⁵これは功を奏したようだった。⁶間もなく，クリストファーは彼らを困らせることへの興味を失った。

[12] ¹オスカーにとって，あまりにも早くその1週間は終わりを迎えた。²家に帰って数日後に，クリストファーからのハガキを受け取ったとき，彼のキャンプの思い出はまだ鮮明だった。

オスカーへ

¹キャンプでの僕の態度について本当にごめんなさい。²君とディランはとても楽しんでいるように思えたんだ！　³僕はあまりスポーツが得意じゃないから，自分が仲間はずれにされているように感じたんだ。⁴後になって，君たちが僕のひどい態度に注意を払うのを止めたとき，自分がいかに愚かであるかに気がついたんだ。⁵そのあとすぐ謝りたかったんだけど，恥ずかしすぎてできなかったんだ。⁶君は来年またキャンプに行くつもりかな？　⁷僕は参加するつもりだから，僕らは友達になれたらいいな！

じゃあまた，
クリストファー

---

[13]¹そうか，と驚きから我に返ったとき，オスカーは思った。クリストファーについては，そのままにしておくのが正しかったんだ，と。²そのハガキを置き，彼はキャンプで学んだ他のことを思い出した：時には，物事は見かけ通りではないことがある。

単語リスト

[1]
■ have the time of one's life 　熟 この上なく楽しい思いをする

[2]
■ mutual 　形 相互の 　　■ judgment 　名 判断
■ hands-on 　形 実践の

[3]
■ circumstance 　名 環境，事情 　　■ close friend 　複 親友
■ dodgeball 　名 ドッジボール 　　■ exhausted 　形 疲れきった
■ bunk bed(s) 　複 二段ベッド

[4]
■ initially 　副 最初，初めのうちは 　　■ well-behaved 　形 行儀の良い
■ fun-lovin 　形 楽しいこと好きの 　　■ belongings 　名 持ち物
■ inconsiderate 　形 思いやりのない 　　■ self-centered 　形 自己中心的な
■ mean 　形 意地の悪い

[5]
■ smelly 　形 臭い

[6]
■ try one's hardest 　熟 ベストを尽くす
■ take (a) delight in doing 　熟 〜して喜ぶ 　　■ push 　動 割り込む

[7]
■ consult 　動 に相談する 　　■ counselor 　名 カウンセラー
■ if anything 　熟 むしろ
■ keep out of A's way 　熟 A と関わらないようにする

[8]
■ session 　名 会合，集まり 　　■ fascinate 　動 を魅了する

[9]
■ breathlessly 　副 息を切らして

[10]
■ ethic 　名 倫理 　　■ disagreement 　名 (意見の)相違
■ harmonious 　形 調和のとれた

[表]
■ apply 　動 を応用する 　　■ sociable 　形 社交的な
■ unfriendly 　形 友好的でない 　　■ appeal 　動 訴える

第1回　第6問

1 から 5 を埋めて，レビューを完成させなさい。

物語のレビュー

題名：
オスカーのキャンプ・キャニオンでの経験

概要

序盤	中間部	結末
オスカーの二度目のキャンプ・キャニオンは，彼が 新たな参加者を歓迎することから始まった。 →	1 → 2 →	オスカーは問題の解決策を見つけるために，キャンプで学んだことを応用した。

主な登場人物

- オスカーは活発で社交的。
- クリストファーは友好的でないように思えたかもしれないが，実は 3 。

あなたの意見

オスカーが本当にその問題への対処法を理解したとは思わない。彼がしたのは 4 ことだけだった。クリストファーの態度が悪化しなくて彼は幸運だった。

この物語が最も魅力的にうつりそうなのは・・・

5 したい読者。

問 1（a）　1　正解 ③

① All the camp participants quickly became good friends.
　キャンプの参加者は皆すぐに良い友達になった。

② Most campers stopped enjoying the fun activities.
　ほとんどのキャンプ参加者が楽しい活動を楽しまなくなった。

③ One of the campers surprisingly changed his attitude.
　キャンプ参加者の一人が驚くほどに態度を変えた。

④ The camp counselor managed to solve a serious problem.
　キャンプのカウンセラーは深刻な問題をどうにか解決した。

まず表のBeginning［序盤］を見ると「オスカーの二度目のキャンプ・キャニオンは，彼が新たな参加者を歓迎することから始まった」とあるため，本文ではその内容に該当する第3段落までがBeginningとなることがわかる。物語のMiddle［中間部］前半の概要を述べているのは，第4段落以降。4文目「しかし，間もなくクリストファーの態度は変わり始めた」から，③が正解となる。①は第3段落3文目後半に「彼ら（＝オスカーとディラン）はすぐに親友になった」とあるが全員とは記されていない。また，クリストファーとは良い友達になれていない。②については本文で触れられておらず，④は第7段落2文目「彼女（＝キャンプのカウンセラー）はクリストファーに強く注意したが，むしろ彼の態度は悪くなっていった」から，解決できなかったことが読み取れる。

問1 (b) 　2　 正解 ①

① Christopher continued to behave very badly.
　　クリストファーはとても悪い態度を取り続けた。

② Dylan could understand how light is reflected.
　　ディランは光の反射の仕方を理解できた。

③ Oscar played a leading role in group discussions.
　　オスカーはグループでの話し合いにおいて主導的な役割を果たした。

④ The counselor reconsidered her viewpoint.
　　カウンセラーは自らの見方を考え直した。

- -

　　問1 (a) の該当箇所以降の概要を述べている選択肢を選ぶ。問1 (a) で触れたように，第4段落4文目でクリストファーの態度が変わり始め，続く第5・6段落では，そのひどい態度の詳細が記され，さらに第7段落2文目でキャンプのカウンセラーに注意を受けてもその態度をあらためなかったとある。よって，①が正解となる。②は第8・9段落から，ディランではなくオスカーのことだとわかる。③・④については本文に記されていない。

■ leading　　形 主導的な，先頭に立つ　■ reconsider　　動 を考え直す
■ viewpoint　　名 見方

問2 　3　 正解 ①

① just unhappy because he was unable to take part in all the activities
　　すべての活動に参加できなかったため，不満だっただけだった

② probably nervous as he was staying away from home for the first time
　　初めて家から離れて過ごしていたので，おそらく不安になっていた

③ smarter than most campers since he tried to hide his honest opinions
　　自分の正直な意見を隠そうとしていたので，たいていのキャンプ参加者より賢明だった

④ thoughtful enough to have brought games to share with his friends
　　友人と一緒に使うためにゲームを持ってきていたほど思いやりがあった

解説

　表の「クリストファーは友好的でないように思えたかもしれないが，実は　**3**　」から，実際のクリストファーに関する内容を選ぶことがわかる。第12段落のポストカードには，キャンプ中のひどい態度に対する謝罪と，そのような態度を取った理由，そして次のキャンプでは仲良くしたいという内容が記されている。選択肢には理由を示す接続詞「because S V（S が V するので）」「as S V（S が V するので）」「since S V（S が V するので）」が見られるので，理由部分「僕はあまりスポーツが得意じゃないから，自分が仲間はずれにされているように感じた」を参照すると，②，③，④は本文に根拠がなく①が正解とわかる。

単語リスト

■ thoughtful　形 思いやりのある

問 3　**4**　正解 ①

設問

① avoid a difficult situation	困難な状況を避ける
② discuss ethics and rules	倫理や規則について話し合う
③ embarrass the others	他の人に恥ずかしい思いをさせる
④ try to be even friendlier	さらに友好的になろうとする

解説

　表の「オスカーが本当にその問題への対処法を理解したとは思わない。彼がしたのは　**4**　ことだけだった。クリストファーの態度が悪化しなくて彼は幸運だった」から，態度が悪いクリストファーに対して，オスカーがどのように対処したのかを読み取ることがわかる。第11段落3・4文目「その状況を解決する最善の方法は，そこから離れることであるとオスカーは気がついた。彼とディランは平静を保って，クリストファーの侮辱に反応することを止めた」から，オスカーはその状況を避けたことが読み取れる。よって，①が正解。

単語リスト

■ embarrass　動 に恥ずかしい思いをさせる

問4 [5] 正解 ③

① get detailed information about summer outdoor activities
夏の野外活動について詳しい情報を得る

② read a moving story about kids' success in various sports
様々なスポーツにおける子どもの成功についての感動的な話を読む

③ remember their own childhood experiences with friends
子どもの頃の友人との経験を思い出す

④ understand the relationship between children and adults
子どもと大人の関係について理解する

この物語に最も魅力を感じるのはどのようなことを望む読者であるかを選ぶ。物語全体のテーマはタイトルに「オスカーのキャンプ・キャニオンでの経験」と記されており，その内容は子どもの頃のキャンプ体験での出会いを通じて学んだことで構成されている。よって，③が正解と判断できる。

■detailed 形 詳しい　　■outdoor 形 野外の
■moving 形 感動的な

第6問 (配点 12) CEFR：B2 程度

B You are studying about world ecological problems. You are going to read the following article to understand what has happened in Yellowstone National Park.

Yellowstone National Park, located in the northern United States, became the world's first national park in 1872. One of the major attractions of this 2.2-million-acre park is the large variety of animals. Some people say that Yellowstone is the best place in the world to see wolves. As of December 2016, there were at least 108 wolves and 11 packs (social families) in the park. By the 1940s, however, wolves had almost disappeared from Yellowstone National Park. Today, these wolves are back and doing well. Why have they returned?

The wolves' numbers had declined by the 1920s through hunting, which was not regulated by the government. Ranchers on large farms raising cattle, horses, and sheep did not like wolves because they killed their animals. When the wolves were on the point of being wiped out by hunting, another problem arose—the elk herds increased in number. Elk, a large species of deer, are the wolves' principal source of food in the winter. The elk populations grew so large that they upset the balance of the local ecosystem by eating many plants. People may like to see elk, but scientists were worried about the damage caused by the overly large population.

To solve this problem, the U.S. government announced their intention to release young wolves brought from Canada. It was hoped that the wolves would hunt the elk and help bring down the population. However, because many ranchers were against bringing back wolves, it took about 20 years for the government and the ranchers to agree on a plan. In 1974, a team was appointed to oversee the reintroduction of wolves. The government published official recovery plans in 1982, 1985, and finally in 1987. After a long period of research, an official environmental impact statement was issued and 31 wolves were released into Yellowstone from 1995 to 1996.

This project to reduce the number of elk was a great success. By 2006, the estimated wolf population in Yellowstone National Park was more than 100. Furthermore, observers believe that the wolves have been responsible for a decline in the elk population from nearly 20, 000 to less than 10, 000 during the first 10 years following their introduction.   As a result, a lot of plants have started to grow back.   The hunting of wolves is even allowed again because of the risk from wolves to ranchers' animals.   While hunting wolves because they are perceived as a threat may seem like an obvious solution, it may cause new problems.   As a study published in 2014 suggested, hunting wolves might increase the frequency of wolves killing ranchers' animals.   If the leader of a wolf pack is killed, the pack may break up.   Smaller packs or individual wolves may then attack ranchers' animals.   Therefore, there is now a restriction on how many wolves can be hunted.   Such measures are important for long-term management of wolf populations.

問 1   The decline of wolves in Yellowstone National Park in the early 1900s resulted in [1].

① a decrease in the number of hunters, which was good for the wolves

② a decrease in the number of ranchers, which reduced the human population

③ an increase in the number of elk, which damaged the local ecosystem

④ an increase in the number of trees and plants, which helped elk to hide

〔 2018年試行調査 〕

問 2 Out of the following four graphs, which illustrates the situation the best?

2

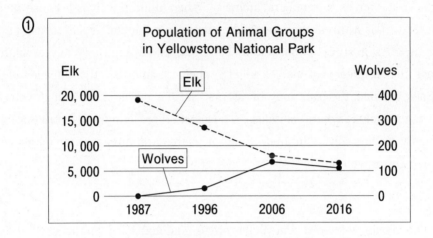

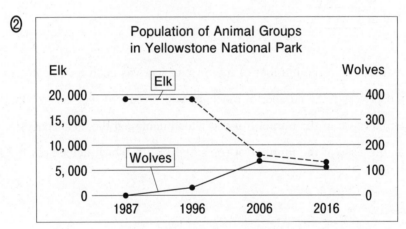

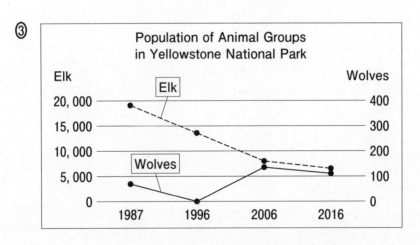

④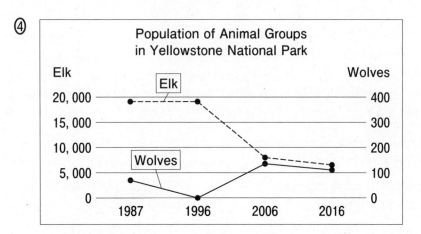

Population of Animal Groups
in Yellowstone National Park

問 3 According to the article, which two of the following tell us about the current situation in the park? (**Choose two options.** The order does not matter.)

 3 · 4

① More travelers are visiting the park than thirty years ago.

② One species was saved but another has become extinct instead.

③ People have started hunting wolves around this area again.

④ The park has both wolves and elk, as well as rich vegetation.

⑤ There is a new rule to reduce the elk population in the park.

問 4 The best title for this article is 5 .

① A Decrease in the Number of Ranchers' Animals

② Addressing Problems With Nature's Balance

③ Nature Conservation Around the World

④ Releasing Elk in National Parks

問題番号	問 1	問 2	問 3		問 4
解答欄	1	2	3	4	5
正解	③	②	③④		②
配点	3	3	3*		3

*は，全部を正しくマークしている場合のみ正解とする。

訳
問題文

あなたは世界の生態学の問題について勉強しています。イエローストーン国立公園で起こったことを理解するために以下の記事を読むところです。

[1]¹ アメリカ合衆国北部に位置するイエローストーン国立公園は，1872 年に世界で初めての国立公園となった。² この 220 万エーカーの公園の主な魅力の一つは，多種多様な動物である。³ イエローストーンはオオカミを見るのに世界で最も良い場所だという人もいる。⁴ 2016 年 12 月の時点で，この公園には少なくとも 108 頭のオオカミと 11 の群れ（社会的な家族）がいた。⁵ しかしながら，1940 年代までに，オオカミはイエローストーン国立公園からほとんど姿を消していた。⁶ 今日，そのオオカミは（公園に）戻り，上手くやっている。⁷ なぜ彼らは戻ってきたのだろうか？

[2]¹ オオカミの数は1920 年代までに狩猟によって減少していたが，政府による（狩猟の）規制はなかった。² 畜牛，馬，羊を育てている大きな牧場の経営者は，オオカミが家畜を殺すため，オオカミを良く思っていなかった。³ オオカミが狩猟によって一掃されそうになったとき，もう 1 つの問題が生じた———ヘラジカの群れが増加したのである。⁴ ヘラジカは鹿の大型種で，オオカミの冬場における主要な食料源である。⁵ ヘラジカの個体数が非常に多くなったため，多くの植物を食べることでその地域の生態系のバランスが崩れたのだった。⁶ 人々はヘラジカを見ることが好きかもしれないが，科学者は過度に多い個体数によって引き起こされる（生態系への）ダメージを懸念していた。

[3]¹ この問題を解決するため，アメリカ政府は，カナダから持ち込んだ若いオオカミを放つ意向を発表した。² オオカミがヘラジカを狩り，その個体数を減らすのに役立つだろうと期待された。³ しかしながら，多くの牧場経営者がオオカミを連れ戻すことに反対したため，政府と牧場経営者が計画に合意するまでに約 20 年かかった。⁴ 1974 年に，オオカミの再導入を監督するためのチームが任命された。⁵ 政府は 1982 年，1985 年，そして最後は 1987 年に，公式の回復計画を発表した。⁶ 長期間の研究の後，公式の環境影響評価報告書が発表され，1995 年から 1996 年にかけて 31 頭のオオカミがイエローストーンに放たれた。

[4]¹ ヘラジカの数を減らすこの計画は大成功だった。² 2006 年までに，イエローストーン国立公園内のオオカミの推定個体数は 100 頭を超えていた。³ さらに，オオカミの導入後最初の 10 年間でヘラジカの個体数が約 20,000 頭から 10,000 頭未満に減少したのは，オオカミが原因であると観察者は考えている。⁴ 結果として，

多くの植物が再び増え始めている。⁵牧場経営者の家畜に対するオオカミの危険性から，オオカミの狩猟は再び許可されてさえいる。⁶オオカミは脅威と見なされているので，オオカミの狩猟は明白な解決策であるように思えるかもしれないが，それは新たな問題を引き起こす可能性がある。⁷2014 年に発表された研究によれば，オオカミの狩猟は，オオカミが牧場経営者の家畜を殺す頻度を増やす可能性があるのである。⁸オオカミの群れのリーダーが殺されると，群れはバラバラになるかもしれない。⁹そうすると，より小さな群れや個々のオオカミは牧場経営者の家畜を襲うかもしれない。¹⁰したがって，現在では狩ることのできるオオカミの数には制限がある。¹¹このような対策は，オオカミの個体数を長期間にわたって管理していくために重要なことなのだ。

単語リスト

■ ecological	形 生態学の		
[1]			
■ attraction	名 魅力		
[2]			
■ decline	動 減少する	■ regulate	動 を規制する
■ rancher	名 牧場経営者	■ wipe out	熟 を一掃する
■ elk	名 ヘラジカ	■ herd	名 群れ
■ species	名 種	■ principal	形 主要な
[3]			
■ intention	名 意向	■ oversee	動 を監督する
■ reintroduction	名 再導入		
[4]			
■ estimated	形 推定の	■ responsible	形 原因である
■ obvious	形 明らかな	■ frequency	名 頻度
■ individual	形 個々の	■ restriction	名 制限

問1 1 正解 ③

訳
設問

The decline of wolves in Yellowstone National Park in the early 1900s resulted in
1 .

1900年代初期のイエローストーン国立公園におけるオオカミの減少が引き起こしたのは
1 。

① a decrease in the number of hunters, which was good for the wolves
   狩猟者の数の減少で，それはオオカミにとって良いことだった

② a decrease in the number of ranchers, which reduced the human population
   牧場経営者の数の減少で，それが人口を減少させた

③ an increase in the number of elk, which damaged the local ecosystem
   ヘラジカの数の増加で，それによりその地域の生態系を損なった

④ an increase in the number of trees and plants, which helped elk to hide
   木や植物の増加で，それはヘラジカが身を隠すのに役立った

解説

　問題文より，1900年代初期のオオカミの減少により国立公園内でどのようなこと
が起こったのかを読み取れば良いことがわかる。第2段落3〜5文目「オオカミが
…一掃されそうになったとき，もう1つの問題が生じた――ヘラジカの群れが増加
したのである。…ヘラジカの個体数が非常に多くなったため，多くの植物を食べる
ことでその地域の生態系のバランスが崩れた」より，③が正解。

問2 2 正解 ②

訳
設問

Out of the following four graphs, which illustrates the situation the best?
以下の4つのグラフのうち，状況を最も良く説明しているものはどれか？

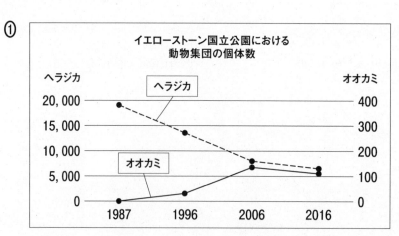

②
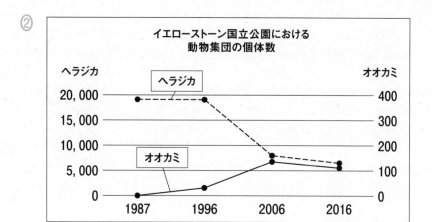

③
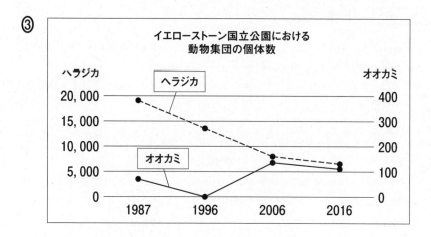

④
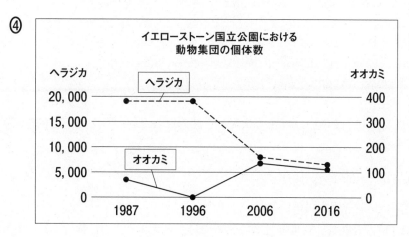

グラフを見ると，オオカミとヘラジカの個体数の増減を本文から読み取ることがわかる。第3段落最終文「1995年から1996年にかけて31頭のオオカミがイエローストーンに放たれた。」より，1996年のオオカミの個体数が0になっている③・④は正解とならない。また，第4段落3文目「オオカミの導入後最初の10年間でヘラジカの個体数が約20,000頭から10,000頭未満に減少した」より，1996年のヘラジカの個体数が約20,000頭の②が正解。

■ illustrate　動 を説明する

問3　<u>3</u>　<u>4</u>　正解 ③④

According to the article, which two of the following tell us about the current situation in the park? (**Choose two options**. The order does not matter.)
記事によると、以下のうちどの2つが公園の現在の状況を述べているか？（**2つの選択肢を選びなさい**。順不同。）

① More travelers are visiting the park than thirty years ago.
　30年前と比べて，より多くの旅行者がその公園を訪れている。

② One species was saved but another has become extinct instead.
　1つの種が救われたが，代わりにもう1つの種が絶滅した。

③ People have started hunting wolves around this area again.
　この地域の周辺で人々は再びオオカミの狩猟を始めた。

④ The park has both wolves and elk, as well as rich vegetation.
　公園には豊かな植物があるだけでなく，オオカミもヘラジカもいる。

⑤ There is a new rule to reduce the elk population in the park.
　公園内のヘラジカの個体数を減らすための新たな規則がある。

　問題文より，公園の「現在の状況」を読み取るため，本文の「現在時制」の文に着目する。

① 本文中に該当する記述はない。

② 本文中に該当する記述はない。

③ 第4段落5文目「牧場経営者の家畜に対するオオカミの危険性から，オオカミの狩猟は再び許可されてさえいる」より正解。

④ 第4段落4文目「多くの植物が再び増え始めている」などより正解。

⑤ 本文中に該当する記述はない。

■ extinct　形 絶滅した

問4　5　正解 ②

設問

The best title for this article is 　5　 .
この記事に最も適したタイトルは 　5　 である。

① A Decrease in the Number of Ranchers' Animals
　牧場経営者の家畜の数の減少

② Addressing Problems With Nature's Balance
　自然のバランスに関わる問題への取り組み

③ Nature Conservation Around the World
　世界中での自然保護

④ Releasing Elk in National Parks
　国立公園の中にヘラジカを放つこと

解説

　タイトルは本文の一部ではなく，全体をまとめたものを選ぶ。全体の流れは「イエローストーン国立公園内のオオカミの個体数が狩猟によって減少したことにより，エサとなるヘラジカの個体数が増え，そのヘラジカのエサとなる植物が減って生態系のバランスが崩れてしまった。そのバランスを取り戻すためにオオカミを再導入した結果，バランスは元に戻ってきている」となっている。よって，②が正解。③は一見正しそうだが，本文はイエローストーン国立公園内での話であるため「世界中」という規模の話ではない点に注意。

単語リスト

■ conservation　名 保護

第6問 （配点 12） CEFR：B1 程度

B　You are studying about future technology. You are going to read the following article to understand more about artificial intelligence.

In 1965, a man by the name of Gordon Moore predicted that computers would double in power every two years as technology improved. Moore's prediction was correct, and we now refer to this doubling as "Moore's Law". With new inventions such as quantum computing, new materials such as graphene, and improved manufacturing techniques, the increase in computer power is showing no sign of slowing down.

It's not just the power of computers that has improved. Computer software allows machines to be more efficient too. One of the most important developments in software in the last few years has been the invention of artificial intelligence or "AI" for short. In the past, a programmer would need to tell a computer exactly what they wanted it to do, such as add numbers or save a file. But these days, AI automatically learns and improves without human direction. Countries around the world have seen how important AI will be in the future and are investing. In 2011 the global investment in AI was under $1 billion, but by 2017 it was over $15 billion yearly, and that number continues to rise.

Both developments in the speed of computers and investment in AI have started to change the way we live. Today AI is becoming increasingly popular among consumers. It is becoming more common to use AI to suggest new movies and music based on what you have enjoyed in the past. "AI personal assistants" now answer questions, make reservations, and monitor your health. AI manages our finances, checks our writing, and even flies our planes. And because of Moore's law we can expect that AI will become even more important in the future.

There are countless ways in which AI will change how we live. Within the next few years, it is expected that driverless cars, controlled by AI, will become commonplace. We can also expect AI personal assistants to continue to get smarter. AI assistants will consider our food preferences, the time of the day, and what we have eaten recently, to select, and even cook, the perfect meal for our dinner. Personal AI doctors may watch our health twenty-four hours a day, giving us suggestions on how to improve our health, and even prescribing drugs when needed. Education also will likely change dramatically. Soon, we may all have personal AI teachers, which design lessons suited to our individual learning needs. Soon, AI may also do unpleasant tasks such as tax returns, shopping, and even cleaning.

Although this future sounds like heaven, many warn that it may not be great for everyone. A recent study by Oxford University predicted that AI might replace as many as 47% of US jobs. Indeed, we are already seeing many jobs such as accountants, factory workers, shopkeepers, farmers, and even writers being replaced by AI. The study identified 'unsafe' jobs such as lawyers, dentists, and even artists. After all, why go to a human dentist who might make a mistake when you can see a robot?

問 1　Improvements in power of computers and better software will result in

　　　　1　.

① improvements in artificial intelligence, which may be bad for employment

② improvements in artificial intelligence, which will improve the lives of everyone

③ problems with manufacturing, which will limit the uses of artificial intelligence

④ problems with the development of artificial intelligence, which may

make life more difficult

〔 オリジナル問題 〕

問 2 Out of the following four graphs, which illustrates the situation best?

2

Processing power vs AI investment

①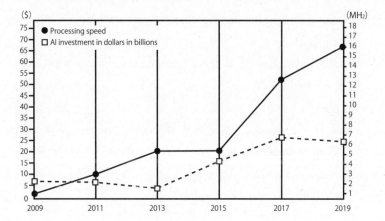

②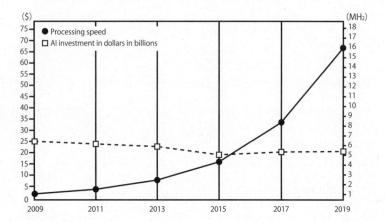

③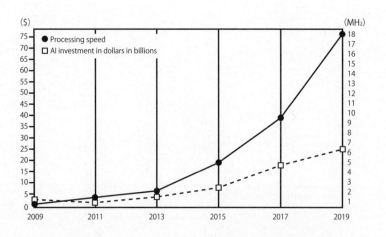

④

問 3 According to the article, which two of the following tell us about the current situation with artificial intelligence? (**Choose two options.** The order does not matter.) | 3 | · | 4 |

① It can't be used to improve our physical health.

② It is replacing some jobs that were traditionally done by humans.

③ It isn't used much by ordinary people.

④ There is a limit to what it can do for us in our day to day lives.

⑤ There is growing demand for AI-based technology from the public.

問 4 The best title for this article is | 5 | .

① AI and Workers

② How AI Works

③ The Problem of AI

④ The Rise and Future of AI

第
3
回

第
6
問
B

問題番号	問 1	問 2	問 3		問 4
解答欄	1	2	3	4	5
正解	①	③	②⑤		④
配点	3	3	3*		3

*は，全部を正しくマークしている場合のみ正解とする。

あなたは未来の技術に関して調査をしています。人工知能について理解を深めるため，次の記事を読むことにしました。

[1] ¹1965年，ゴードン・ムーアという名の男性が，技術が進歩するにつれ，コンピュータの処理能力は2年ごとに倍になると予測した。²ムーアの予測は正しく，今ではこの倍増は「ムーアの法則」と呼ばれている。³量子計算のような新たな発明，グラフェンのような新素材，そして進歩した生産技術により，コンピュータの処理能力向上は衰える兆候をまったく見せない。

[2] ¹進歩しているのはコンピュータの処理能力だけではない。²コンピュータソフトウェアにより機械がより効率的になってもいる。³過去数年間でのソフトウェアにおける最も重要な発展の1つに人工知能，略して「AI」の発明がある。⁴過去に，プログラマーは，数字を足したりファイルを保存したりするなど，コンピュータに処理してほしいことをその通り指示する必要があったものだった。⁵しかし近年，AIは人間の指示がなくても自動的に学び，進歩する。⁶世界中の国々が，AIが将来いかに重要になるかを理解してきており，投資を行っている。⁷2011年のAIへの世界投資額は10億ドル未満であったが，2017年までに年間で150億ドルを超え，この数字は上昇を続けている。

[3] ¹コンピュータの処理速度の発達とAIへの投資の両方が，私たちが生活する方法を変え始めている。²今日，AIは消費者の間でますます人気を高めている。³消費者が過去に楽しんだものを基に新たな映画や音楽を提案するAIの利用はさらに一般的になっている。⁴今では「AIパーソナル・アシスタント」が質問に答え，予約をし，健康をチェックする。⁵AIは財務を管理し，文章をチェックし，さらには飛行機を操縦さえする。⁶ムーアの法則のおかげで，AIは将来さらに重要になっていくと期待されるのである。

[4] ¹AIが私たちの生活の仕方を変えていく方法は無数にある。²今後数年以内に，AIに操作される自動運転自動車が一般的になると予想される。³また，AIパーソナル・アシスタントがよりかしこくなり続けるとも予測される。⁴AIアシスタントは私たちの食事の好み，その日の時間，最近何を食べたかを考慮し，私たちの夕食に最適な献立を選択し，調理さえもするだろう。⁵パーソナルAIドクターが私たちの健康を1日24時間監視し，健康改善の方法を提案し，さらに必要な場合には薬を処方しさえするかもしれない。⁶教育もまた劇的に変わる可能性がある。

⁷すぐに，私たちは皆パーソナルAI教師を持ち，その教師は個人の学習の必要性に合った授業を策定するかもしれない。⁸またすぐに，AIは確定申告，買い物，さらには掃除といった嫌な作業もしてくれるだろう。

[5]¹このような未来は天国のように思えるが，すべての人にとって素晴らしいこととは限らないと多くの人が警告している。²オックスフォード大学の最近の研究はAIがアメリカの職業全体の47%もに取って代わる可能性があると予測した。³確かに，会計士，工場作業者，販売店店主，農業従事者さらには作家といった多くの職業がAIに代替されているのを私たちはすでに見ている。⁴この研究は，弁護士，歯科医師さらに芸術家などの「安全でない」職業を特定した。⁵結局のところ，ロボットに診てもらえるというのに，なぜミスをするかもしれない人間の歯科医のところにわざわざ行くだろうか？

単語リスト

[1]

■ by the name of	熟 ～という名の	■ refer to A as B	熟 A を指して B と呼ぶ
■ quantum computing	複 量子計算		
■ graphene	名 グラフェン	■ manufacturing	形 製造の
■ technique	名 技術	■ show signs of	熟 ～の兆候を示す

[2]

■ efficient	形 効率的な	■ development	名 発達
■ for short	熟 略して	■ programmer	名 プログラマー
■ invest	動 投資する	■ global	形 世界的な
■ investment	名 投資	■ billion	名 10 億
■ yearly	副 年間	■ rise	動 上昇する

[3]

■ both A and B	熟 A と B どちらも	■ increasingly	副 ますます
■ consumer	名 消費者	■ reservation	名 予約
■ monitor	動 をチェックする	■ finance	名 財務

[4]

■ countless	形 数えきれない	■ driverless	形 自動運転の
■ commonplace	形 一般的な	■ preference	名 好み
■ select	動 を選択する	■ prescribe	動 を処方する
■ dramatically	副 劇的に	■ individual	形 個人の
■ such as	熟 ～といった	■ tax	名 税

[5]

■ heaven	名 天国	■ warn	動 と警告する
■ as many as	熟 ～もの	■ accountant	名 会計士
■ shopkeeper	名 販売店店主	■ identify	動 を特定する
■ artist	名 芸術家	■ after all	熟 結局
■ make a mistake	熟 ミスをする	■ robot	名 ロボット

問 1　　1　　正解 ①

訳
設問

Improvements in power of computers and better software will result in ┌──1──┐.
コンピュータの処理能力の向上とより優れたソフトウェアは ┌──1──┐ という結果をもたらす

（右側余白：第3回 第6問 B）

だろう。

① improvements in artificial intelligence, which may be bad for employment
　人工知能の進歩に繋がり，これは雇用にとっては悪いことかもしれない

② improvements in artificial intelligence, which will improve the lives of everyone
　人工知能の進歩に繋がり，これはすべての人の生活を改善するだろう

③ problems with manufacturing, which will limit the uses of artificial intelligence
　生産の問題に繋がり，これは人工知能の利用を制限するだろう

④ problems with the development of artificial intelligence, which may make life more difficult
　人工知能の進歩の問題に繋がり，これは生活をより困難にするかもしれない

解説

　問題文より，コンピュータの処理能力向上とより優れたソフトウェアが，今後もたらすであろう結果，つまり未来における内容を読み取れば良いことがわかる。未来を表す時制に注目しながら読み進めると，第4段落ではAIが未来においてもたらすであろうプラス面，第5段落ではマイナス面について述べていることがわかる。第5段落の雇用に関する懸念事項より，①が正解となる。②は第5段落1文目「このような未来は天国のように思えるが，すべての人にとって素晴らしいこととは限らないと多くの人が警告している」に矛盾。④は第4段落全体の生活がよりしやすくなる内容に矛盾する。

単語リスト

- improvement 　　【名】向上
- employment 　　【名】雇用
- limit 　　　　　【動】を制限する

問2 　 2 　 正解 ③

訳 設問

Out of the following four graphs, which illustrates the situation best?
以下の4つのグラフのうち，状況を最も良く表しているものはどれか？

Processing power vs AI Investment
処理能力　対　AI投資

②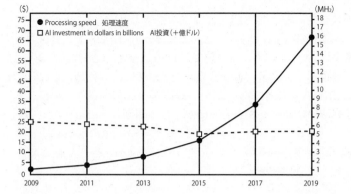

③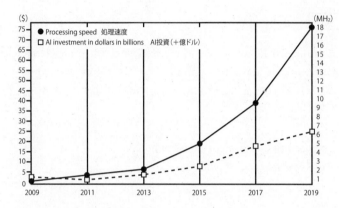

④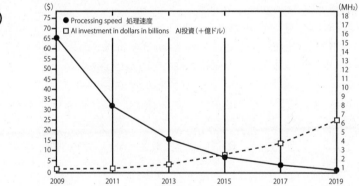

第3回 第6問 B

グラフを見ると，処理能力に関する情報とAIへの投資金額のいずれか，または両方に関する情報を読み取ることがわかる。第1段落1・2文目「ゴードン・ムーアという男性が…コンピュータの処理能力は2年ごとに倍になると予測した。ムーアの予測は正しく」より，③が正解。また，第2段落最終文「2011年のAIへの世界投資額は10億ドル未満であったが，2017年までに年間で150億ドルを超え，この数字は上昇を続けている」からも，③が正解と判断できる。

単語リスト

■ out of 　　　熟 〜のうち　　　　　■ illustrate 　　動 を示す
■ process 　　動 を処理する

問3　[3]　[4]　正解 ②⑤

訳
設問

According to the article, which two of the following tell us about the current situation with artificial intelligence? (**Choose two options.** The order does not matter.)
記事によると，以下のうちどの2つがAIの現在の状況を述べているか？ (**2つの選択肢を選びなさい。**順不同。)

① It can't be used to improve our physical health.
　身体的健康を改善するためには利用できない。

② It is replacing some jobs that were traditionally done by humans.
　従来人間が行ってきた仕事に取って代わりつつある。

③ It isn't used much by ordinary people.
　一般の人たちにはあまり利用されない。

④ There is a limit to what it can do for us in our day to day lives.
　私たちの日常生活でそれが私たちのためにできることには限度がある。

⑤ There is growing demand for AI-based technology from the public.
　一般の人からのAIに基づく技術への需要が高まっている。

解説

　問題文より，AIの「現在の状況」を読み取るため，本文の現在を表す時制の文に着目する。

① 第3段落4文目「今では「AIパーソナル・アシスタント」が…健康をチェックする」に矛盾。

② 第5段落3文目「確かに…多くの職業がAIに代替されているのを私たちはすでに見ている」より正解。

③ 第3段落3文目「AIの利用はさらに一般的になっている」に矛盾。

④ 本文中に該当する記述はない。

⑤ 第3段落2文目「今日，AIは…人気を高めている」や最終文「AIは将来さらに重要になっていくと期待される」より正解。

■ according to 　熟 ～によると
■ traditionally 　副 従来
■ limit 　名 限度
■ demand 　名 需要

■ current 　形 現在の
■ ordinary 　形 一般の
■ day to day 　熟 日常の

問4 　5 　正解 ④

The best title for this article is 　5 　.
この記事に最も適したタイトルは 　5 　である。

① AI and Workers 　　　　　人工知能と労働者
② How AI Works 　　　　　人工知能はどう動作するか
③ The Problem of AI 　　　　人工知能の問題
④ The Rise and Future of AI 　AIの進歩と将来

- -

　タイトルは本文の一部ではなく，全体をまとめたものを選ぶ。全体の流れは，技術の進歩によるAIの発明，今日のAI，未来におけるAIの進歩がもたらすプラス面とマイナス面となっている。よって，それらの内容を一言でまとめた④が正解。

- -

■ rise 　名 進歩

解答用紙

＊は、全てを正しくマークしている場合のみ正解とする

Part1			第1問 A	配点
第1回（p12-15）	問1	1	① ② ③ ④	2
	問2	2	① ② ③ ④	2
第2回（p16-19）	問1	1	① ② ③ ④	2
	問2	2	① ② ③ ④	2
第3回（p20-23）	問1	1	① ② ③ ④	2
	問2	2	① ② ③ ④	2

Part2			第1問 B	配点
第1回（p26-29）	問1	1	① ② ③ ④	2
	問2	2	① ② ③ ④	2
	問3	3	① ② ③ ④	2
第2回（p30-33）	問1	1	① ② ③ ④	2
	問2	2	① ② ③ ④	2
	問3	3	① ② ③ ④	2
第3回（p34-38）	問1	1	① ② ③ ④	2
	問2	2	① ② ③ ④	2
	問3	3	① ② ③ ④	2

Part3			第2問 A	配点
第1回（p40-45）	問1	1	① ② ③ ④	2
	問2	2	① ② ③ ④	2
	問3	3	① ② ③ ④	2
	問4	4	① ② ③ ④ ⑤ ⑥	2*
第2回（p46-51）	問1	1	① ② ③ ④	2
	問2	2	① ② ③ ④	2
	問3	3	① ② ③ ④	2
	問4	4	① ② ③ ④	2
	問5	5	① ② ③ ④	2
第3回（p52-59）	問1	1	① ② ③ ④	2
	問2	2	① ② ③ ④	2
	問3	3	① ② ③ ④	2
	問4	4	① ② ③ ④	2
	問5	5	① ② ③ ④	2

Part4			第2問 B	配点
第1回 （p60-65）	問1	1	①②③④	2
	問2	2	①②③④	2
	問3	3	①②③④	2
	問4	4	①②③④	2
	問5	5	①②③④	2
第2回 （p66-73）	問1	1	①②③④	2
	問2	2	①②③④	2
	問3	3	①②③④	2
	問4	4	①②③④	2
	問5	5	①②③④	2
第3回 （p74-80）	問1	1	①②③④	2
	問2	2	①②③④	2
	問3	3	①②③④	2
	問4	4	①②③④	2
	問5	5	①②③④	2

Part5			第3問 A	配点
第1回 （p82-85）	問1	1	①②③④	2
	問2	2	①②③④	2
第2回 （p86-89）	問1	1	①②③④	2
	問2	2	①②③④	2
第3回 （p90-93）	問1	1	①②③④	2
	問2	2	①②③④	2

Part6			第3問 B	配点
第1回 （p96-101）	問1	1	①②③④	2
	問2	2	①②③④	2
	問3	3	①②③④	2
第2回 （p102-107）	問1	1	①②③④⑤⑥	2
	問2	2	①②③④	2
	問3	3	①②③④	2
第3回 （p108-112）	問1	1	①②③④⑤⑥	2
	問2	2	①②③④	2
	問3	3	①②③④	2

Part7	第4問			配点
	問1	1	①②③④	3
	問2	2	①②③④	3
第1回 （p114-123）	問3	3	①②③④	3
	問4	4	①②③④	3
	問5	5	①②③④	3
	問1	1	①②③④	3
	問2	2	①②③④	3
第2回 （p124-133）	問3	3	①②③④	4*
	問4	4	①②③④⑤	3*
		5	①②③④⑤	
	問5	6	①②③④	3
	問1	1	①②③④	3
	問2	2	①②③④	3
第3回 （p134-143）	問3	3	①②③④	4*
	問4	4	①②③④⑤	3*
		5	①②③④⑤	
	問5	6	①②③④	3

Part8	第5問 A			配点
	問1	1	①②③④	5
第1回 （p146-153）	問2	2	①②③④	5
	問3	3	①②③④	5
		1	①②③④⑤	
		2	①②③④⑤	
	問1	3	①②③④⑤	5*
		4	①②③④⑤	
第2回 （p154-163）		5	①②③④⑤	
	問2	6	①②③④⑤⑥	5*
	問3	7	①②③④	5
	問4	8	①②③④⑤⑥	5*
		1	①②③④⑤	
		2	①②③④⑤	
	問1	3	①②③④⑤	5*
		4	①②③④⑤	
第3回 （p164-173）		5	①②③④⑤	
	問2	6	①②③④⑤⑥	5*
	問3	7	①②③④	5
	問4	8	①②③④⑤⑥	5*

Part9			第5問 B・第6問 A	配点
第1回（p176-183）	問1	1	① ② ③ ④	5*
		2	① ② ③ ④	
		3	① ② ③ ④	
	問2	4	① ② ③ ④ ⑤ ⑥	5*
		5	① ② ③ ④ ⑤ ⑥	
	問3	6	① ② ③ ④	5
第2回（p184-191）	問1	1	① ② ③ ④	3
	問2	2	① ② ③ ④	3
	問3	3	① ② ③ ④	3
	問4	4	① ② ③ ④	3
第3回（p192-200）	問1	1	① ② ③ ④	3
	問2	2	① ② ③ ④	3
	問3	3	① ② ③ ④	3
	問4	4	① ② ③ ④	3

Part10			第6問 B	配点
第1回（p202-213）	問1(a)	1	① ② ③ ④	5*
	問1(b)	2	① ② ③ ④	
	問2	3	① ② ③ ④	4
	問3	4	① ② ③ ④	4
	問4	5	① ② ③ ④	4
第2回（p214-223）	問1	1	① ② ③ ④	3
	問2	2	① ② ③ ④	3
	問3	3	① ② ③ ④ ⑤	3*
		4	① ② ③ ④ ⑤	
	問4	5	① ② ③ ④	3
第3回（p224-233）	問1	1	① ② ③ ④	3
	問2	2	① ② ③ ④	3
	問3	3	① ② ③ ④ ⑤	3*
		4	① ② ③ ④ ⑤	
	問4	5	① ② ③ ④	3

音声再生方法

右記QRコードまたはURL にアクセスし，パスワードを入力してください。

http://www.toshin.com/books

Password: KTdrill_Reading2020

▶ **音声ストリーミング**

スマートフォンやタブレットに対応。ストリーミング再生はパケット通信料がかかります。

▶ **ダウンロード**

パソコンよりダウンロードしてください。スマートフォンやタブレットでのダウンロードはサポートしておりません。

【共通テスト】英語〔リーディング〕ドリル

発行日	：2020 年 10 月 31 日初 版 発 行
	：2024 年 1 月 22 日第 3 版発行
著者	：大岩秀樹
発行者	：永瀬昭幸
編集担当	：柏木恵未
発行所	：株式会社ナガセ

〒 180-0003　東京都武蔵野市吉祥寺南町 1-29-2 出版事業部（東進ブックス）

TEL：0422-70-7456 ／ FAX：0422-70-7457

http://www.toshin.com/books/（東進 WEB 書店）

（本書を含む東進ブックスの最新情報は，東進 WEB 書店をご覧ください。）

装丁	：山口勉
本文デザイン・DTP	：株式会社デジカル
印刷・製本	：中央精版印刷株式会社
編集協力	：山鹿愛子，佐藤春花，佐廣美有，戸田彩織，福島はる奈，山下芽久
音声収録	：一般財団法人　英語教育協議会（ELEC）
音声出演	：Jennifer Okano，Howard Colefield，水月優希

合格の秘訣1 全国屈指の実力講師陣

東進の実力講師陣
数多くのベストセラー参考書を執筆‼

東進ハイスクール・東進衛星予備校では、そうそうたる講師陣が君を熱く指導する！

本気で実力をつけたいと思うなら、やはり根本から理解させてくれる一流講師の授業を受けることが大切です。東進の講師は、日本全国から選りすぐられた大学受験のプロフェッショナル。何万人もの受験生を志望校合格へ導いてきたエキスパート達です。

英語

本物の英語力をとことん楽しく！日本の英語教育をリードするMr.4Skills.

安河内 哲也先生
[英語]

100万人を魅了した予備校界のカリスマ。抱腹絶倒の名講義を見逃すな！

今井 宏先生
[英語]

爆笑と感動の世界へようこそ。「スーパー速読法」で難解な長文も速読即解！

渡辺 勝彦先生
[英語]

雑誌『TIME』やベストセラーの翻訳も手掛け、英語界でその名を馳せる実力講師！

宮崎 尊先生
[英語]

いつのまにか英語を得意科目にしてしまう、情熱あふれる絶品授業！

大岩 秀樹先生
[英語]

全世界の上位5％(PassA)に輝く、世界基準のスーパー実力講師！

武藤 一也先生
[英語]

関西の実力講師が、全国の東進生に「わかる」感動を伝授。

慎 一之 先生
[英語]

数学

数学を本質から理解し、あらゆる問題に対応できる力を与える珠玉の名講義！

志田 晶先生
[数学]

論理力と思考力を鍛え、問題解決力を養成。多数の東大合格者を輩出！

青木 純二先生
[数学]

「ワカル」を「デキル」に変える新しい数学は、君の思考力を刺激し、数学のイメージを覆す！

松田 聡平先生
[数学]

予備校界を代表する講師による魔法のような感動講義を東進で！

河合 正人先生
[数学]

国語

「脱・字面読み」トレーニングで、「読む力」を根本から改革する！

輿水 淳一先生
[現代文]

明快な構造板書と豊富な具体例で必ず君を納得させる！「本物」を伝える現代文の新鋭。

西原 剛先生
[現代文]

東大・難関大志望者から絶大なる信頼を得る本質の指導を追究。

栗原 隆先生
[古文]

ビジュアル解説で古文を簡単明快に解き明かす実力講師。

富井 健二先生
[古文]

縦横無尽な知識に裏打ちされた立体的な授業に、グングン引き込まれる！

三羽 邦美先生
[古文・漢文]

幅広い教養と明解な具体例を駆使した緩急自在の講義。漢文が身近になる！

寺師 貴憲先生
[漢文]

文章で自分を表現できれば 受験も人生も成功できる！「笑顔と努力」で合格を！

石関 直子先生
[小論文]

理科

正しい道具の使い方で、難問が驚くほどシンプルに見えてくる！

宮内 舞子先生
[物理]

化学現象を疑い化学全体を見通す"伝説の講義"は東大理三合格者も絶賛。

鎌田 真彰先生
[化学]

「なぜ」をとことん追究し「規則性」「法則性」が見えてくる大人気の授業！

立脇 香奈先生
[化学]

「いきもの」をこよなく愛する心が君の探究心を引き出す！生物の達人。

飯田 高明先生
[生物]

地歴公民

歴史の本質に迫る授業と、入試頻出の「表解板書」で圧倒的な信頼を得る！

金谷 俊一郎先生
[日本史]

つねに生徒と同じ目線に立って、入試問題に対する的確な思考法を教えてくれる。

井之上 勇先生
[日本史]

"受験世界史に荒巻あり"と言われる超実力人気講師！世界史の醍醐味を。

荒巻 豊志先生
[世界史]

世界史を「暗記」科目だなんて言わせない。正しく理解すれば必ず伸びることを一緒に体感しよう。

加藤 和樹先生
[世界史]

どんな複雑な歴史も難問も、シンプルな解説で本質から徹底理解できる。

清水 裕子先生
[世界史]

わかりやすい図解と統計の説明に定評。

山岡 信幸先生
[地理]

政治と経済のメカニズムを論理的に解明しながら、入試頻出ポイントを明確に示す。

清水 雅博先生
[公民]

「今」を知ることは「未来」の扉を開くこと。受験に留まらず、目標を高く、そして強く持て！

執行 康弘先生
[公民]

映像によるIT授業を駆使した最先端の勉強法

高速学習

一人ひとりの レベル・目標にぴったりの授業

東進はすべての授業を映像化しています。その数およそ1万種類。これらの授業を個別に受講できるので、一人ひとりのレベル・目標に合った学習が可能です。1.5倍速受講ができるほか自宅からも受講できるので、今までにない効率的な学習が実現します。

1年分の授業を 最短2週間から1カ月で受講

従来の予備校は、毎週1回の授業。一方、東進の高速学習なら毎日受講することができます。だから、1年分の授業も最短2週間から1カ月程度で修了可能。先取り学習や苦手科目の克服、勉強と部活との両立も実現できます。

現役合格者の声

東京大学 文科一類
早坂 美玖さん
東京都 私立 女子学院高校卒

私は基礎に不安があり、自分に合ったレベルから対策ができる東進を選びました。東進では、担任の先生との面談が頻繁にあり、その都度、学習計画について相談できるので、目標が立てやすかったです。

先取りカリキュラム

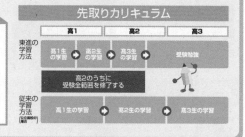

目標まで一歩ずつ確実に

スモールステップ・ パーフェクトマスター

高校入門から最難関大までの12段階から自分に合ったレベルを選ぶことが可能です。「簡単すぎる」「難しすぎる」といったことがなく、志望校へ最短距離で進みます。

授業後すぐに確認テストを行い内容が身についたかを確認し、合格したら次の授業に進むので、わからない部分を残すことはありません。短期集中で徹底理解をくり返し、学力を高めます。

自分にぴったりのレベルから学べる 習ったことを確実に身につける

現役合格者の声

東北大学 工学部
関 響希くん
千葉県立 船橋高校卒

受験勉強において一番大切なことは、基礎を大切にすることだと学びました。「確認テスト」や「講座修了判定テスト」といった東進のシステムは基礎を定着させるうえでとても役立ちました。

パーフェクトマスターのしくみ

徹底的に学力の土台を固める

高速マスター 基礎力養成講座

高速マスター基礎力養成講座は「知識」と「トレーニング」の両面から、効率的に短期間で基礎学力を徹底的に身につけるための講座です。英単語をはじめとして、数学や国語の基礎項目も効率よく学習できます。オンラインで利用できるため、校舎だけでなく、スマートフォンアプリで学習することも可能です。

現役合格者の声

早稲田大学 基幹理工学部
曽根原 和奏さん
東京都立 立川国際中等教育学校卒

演劇部の部長と両立させながら受験勉強をスタートさせました。「高速マスター基礎力養成講座」はおススメです。特に英単語は、高3になる春までに完成させたことで、その後の英語力の自信になりました。

東進公式スマートフォンアプリ
東進式マスター登場！
（英単語／英熟語／英文法／基本例文）

スマートフォンアプリでスキマ時間も徹底活用！

1）スモールステップ・パーフェクトマスター！
頻出度（重要度）の高い英単語から始め、1つのSTAGE（計100語）を完全修得すると次のSTAGEに進めるようになります。

2）自分の英単語力が一目でわかる！
トップ画面に「修得語数・修得率」をメーター表示。
自分が今何語修得しているのか、どこを優先的に学習すべきなのか一目でわかります。

3）『覚えていない単語』だけを集中攻略できる！
未修得の単語、または「My単語（自分でチェック登録した単語）」だけをテストする出題設定が可能です。
すでに覚えている単語を何度も学習するような無駄を省き、効率良く単語力を高めることができます。

共通テスト対応 **英単語1800**
共通テスト対応 **英熟語750**
英文法750
英語基本例文300

「共通テスト対応英単語1800」2023年共通テストカバー率99.8%！

君の合格力を徹底的に高める

志望校対策

第一志望校突破のために、志望校対策にどこよりもこだわり、合格力を徹底的に極める質・量ともに抜群の学習システムを提供します。従来からの「過去問演習講座」に加え、AIを活用した「志望校別単元ジャンル演習講座」、「第一志望校対策演習講座」で合格力を飛躍的に高めます。東進が持つ大学受験に関するビッグデータをもとに、個別対応の演習プログラムを実現しました。限られた時間の中で、君の得点力を最大化します。

現役合格者の声

京都大学 法学部
山田 悠雅くん
神奈川県 私立 浅野高校卒

「過去問演習講座」には解説授業や添削指導があるので、とても復習がしやすかったです。「志望校別単元ジャンル演習講座」では、志望校の類似問題をたくさん演習できるので、これで力がついたと感じています。

大学受験に必須の演習
■過去問演習講座

1. 最大10年分の徹底演習
2. 厳正な採点、添削指導
3. 5日以内のスピード返却
4. 再添削指導で着実に得点力強化
5. 実力講師陣による解説授業

東進×AIでかつてない志望校対策
■志望校別単元ジャンル演習講座

過去問演習講座の実施状況や、東進模試の結果など、東進で活用したすべての学習履歴をAIが総合的に分析。学習の優先順位をつけ、志望校別に「必勝必達演習セット」として十分な演習問題を提供します。問題は東進が分析した、大学入試問題の膨大なデータベースから提供されます。苦手を克服し、一人ひとりに適切な志望校対策を実現する日本初の学習システムです。

志望校合格に向けた最後の切り札
■第一志望校対策演習講座

第一志望校の総合演習に特化し、大学が求める解答力を身につけていきます。対応大学は校舎にお問い合わせください。

合格の秘訣3 東進模試

申込受付中
※お問い合わせ先は付録7ページをご覧ください。

学力を伸ばす模試

本番を想定した「厳正実施」
統一実施日の「厳正実施」で、実際の入試と同じレベル・形式・試験範囲の「本番レベル」模試。
相対評価に加え、絶対評価で学力の伸びを具体的な点数で把握できます。

12大学のべ42回の「大学別模試」の実施
予備校界随一のラインアップで志望校に特化した"学力の精密検査"として活用できます(同日・直近日体験受験を含む)。

単元・ジャンル別の学力分析
対策すべき単元・ジャンルを一覧で明示。学習の優先順位がつけられます。

最短中5日で成績表返却　WEBでは最短中3日で成績を確認できます。※マーク型の模試のみ

合格指導解説授業　模試受験後に合格指導解説授業を実施。重要ポイントが手に取るようにわかります。

2023年度
東進模試 ラインアップ

共通テスト対策
■ 共通テスト本番レベル模試　全4回
■ 全国統一高校生テスト（全学年統一部門）（高2生部門）（高1生部門）　全2回

同日体験受験
■ 共通テスト同日体験受験　全1回

記述・難関大対策
■ 早慶上理・難関国公立大模試　全5回
■ 全国有名国公私大模試　全5回
■ 医学部82大学判定テスト　全2回

基礎学力チェック
■ 高校レベル記述模試（高2）（高1）　全2回
■ 大学合格基礎力判定テスト　全4回
■ 全国統一中学生テスト（全学年統一部門）（中2生部門）（中1生部門）　全2回
■ 中学学力判定テスト（中2生）（中1生）　全4回

※ 2023年度に実施予定の模試は、今後の状況により変更する場合があります。
最新の情報はホームページでご確認ください。

大学別対策
■ 東大本番レベル模試　全4回
■ 高2東大本番レベル模試　全4回
■ 京大本番レベル模試　全4回
■ 北大本番レベル模試　全2回
■ 東北大本番レベル模試　全2回
■ 名大本番レベル模試　全3回
■ 阪大本番レベル模試　全3回
■ 九大本番レベル模試　全3回
■ 東工大本番レベル模試　全2回
■ 一橋大本番レベル模試　全2回
■ 神戸大本番レベル模試　全2回
■ 千葉大本番レベル模試　全1回
■ 広島大本番レベル模試　全1回

同日体験受験
■ 東大入試同日体験受験　全1回
■ 東北大入試同日体験受験　全1回
■ 名大入試同日体験受験　全1回

直近日体験受験　各1回
| 京大入試 直近日体験受験 | 北大入試 直近日体験受験 | 阪大入試 直近日体験受験 |
| 九大入試 直近日体験受験 | 東工大入試 直近日体験受験 | 一橋大入試 直近日体験受験 |

2023年 東進現役合格実績
難関大グループ 現役合格 史上最高続出！

東大 現役合格実績日本一※1 5年連続800名超！

現役生のみ！講習生を含まず！

※1 2022年の東大現役合格実績を公表している予備校の中で東進の853名が最大（2022年JDnet調べ）。

東大 845名

文科一類 121名	理科一類 311名
文科二類 111名	理科二類 126名
文科三類 107名	理科三類 38名
	学校推薦 31名

現役合格者の36.9%が東進生！

東京大学 現役合格おめでとう!!

※撮影時のみマスクを外しています。

東進生現役占有率 845／2,284 **36.9%**

全現役合格者（前期+推薦）に占める東進生の割合
2023年の東大全体の現役合格者は2,284名。東進の現役合格者は845名。東進生の占有率は36.9%。現役合格者の2.8人に1人が東進生です。

学校推薦型選抜も東進！

東大 31名 東進生現役占有率 36.4%

現役推薦合格者の36.4%が東進生！

法学部	5名	薬学部	1名
経済学部	3名	医学部医学科の75.0%が東進生！	
文学部	1名	医学部医学科	3名
教養学部	2名	医学部	
工学部	10名		
理学部	3名	健康総合科学科	1名
農学部	2名		

医学部も東進 日本一※2 の実績を更新!!

※2 2022年の国公立医・医現役合格実績を公表している予備校の中で東進の1,032名が最大（2022年JDnet調べ）。

国公立医・医 1,064名 昨対+32名

史上最高！ 1,064名 1,032名 987名 '21 '22 '23 現役生のみ！講習生を含みます！

2023年の国公立医学部医学科全体の現役合格者が未公表のため、仮に昨年の現役合格者数（推定）を分母として東進生占有率を算出すると、東進生の有率は29.4%。現役合格者の3.4人に1人が東進生です。

東進生現役占有率 29.4%

早慶 5,741名 昨対+63名

早稲田大 3,523名	慶應義塾大 2,218名

5,741名 史上最高！ 現役生のみ！ '21 '22 '23

上理 4,687名
昨対+394名

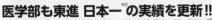
4,687名 4,293名 史上最高！ '21 '22 '23 現役生のみ！

| 上智大 1,739名 |
| 東京理科大 2,948名 |

明青立法中 17,520名 昨対+492名

17,520名 史上最高！ '21 '22 '23

明治大 5,294名	中央大 2,905名
青山学院大 2,216名	
立教大 2,912名	
法政大 4,193名	

関関同立 13,655名 昨対+1,022名

13,655名 史上最高！ '21 '22 '23 現役生のみ！

| 関西学院大 2,861名 |
| 関西大 2,918名 |
| 同志社大 3,178名 |
| 立命館大 4,698名 |

私立医・医 727名 昨対+101名

727名 史上最高！ 626名 604名 '21 '22 '23 現役生のみ！

日東駒専 10,945名 史上最高！
昨対+934名

産近甲龍 6,217名 史上最高！
昨対+132名

国公立大 17,154名 史上最高！ 昨対+652名

17,154名 史上最高！ '21 '22 '23 現役生のみ！

旧七帝大 東工大＋一橋大＋神戸大
4,703名 昨対+91名

東京大	845名
京都大	472名
北海道大	468名
東北大	417名
名古屋大	436名
大阪大	617名
九州大	507名
東京工業大	198名
一橋大	195名
神戸大	548名

4,703名 4,612名 4,366名 史上最高！ '21 '22 '23 現役生のみ！講習生を含みます！

国公立 総合・学校推薦型選抜も東進！

国公立医・医 318名 昨対+16名

旧七帝大 ＋東工大・一橋大・神戸大 446名 昨対+31名

東京大	31名
京都大	16名
北海道大	13名
東北大	120名
名古屋大	92名
大阪大	59名
九州大	41名
東京工業大	25名
一橋大	7名
神戸大	42名

318名 史上最高！ 302名 287名 '21 '22 '23

446名 史上最高！ 415名 356名 '21 '22 '23 現役生のみ！

ウェブサイトでもっと詳しく
東進 検索

各大学の合格実績は、東進ネットワーク（東進ハイスクール、東進衛星予備校、早稲田塾）の現役生のみ、高3時在籍者のみの合同実績です。一人で複数合格した場合は、それぞれの合格者数に計上しています。

東進へのお問い合わせ・資料請求は
東進ドットコム → www.toshin.com
もしくは下記のフリーコールへ！

ハッキリ言って合格実績が自慢です！ 大学受験なら、

東進ハイスクール　0120-104-555
トーシン　ゴーゴーゴー

●東京都

[中央地区]
市ヶ谷校	0120-104-205
新宿エルタワー校	0120-104-121
※ 新宿校大学受験本科	0120-104-020
高田馬場校	0120-104-770
人形町校	0120-104-075

[城北地区]
赤羽校	0120-104-293
本郷三丁目校	0120-104-068
茗荷谷校	0120-738-104

[城東地区]
綾瀬校	0120-104-762
金町校	0120-452-104
亀戸校	0120-104-889
☐★北千住校	0120-693-104
錦糸町校	0120-104-249
☐豊洲校	0120-104-282
西新井校	0120-266-104
西葛西校	0120-289-104
船堀校	0120-104-201
門前仲町校	0120-104-016

[城西地区]
池袋校	0120-104-062
大泉学園校	0120-104-862
荻窪校	0120-687-104
高円寺校	0120-104-627
石神井校	0120-104-159
☐巣鴨校	0120-104-780
成増校	0120-028-104
練馬校	0120-104-643

[城南地区]
大井町校	0120-575-104
蒲田校	0120-265-104
五反田校	0120-672-104
三軒茶屋校	0120-104-739
渋谷駅西口校	0120-389-104
下北沢校	0120-104-672
自由が丘校	0120-964-104
成城学園前駅校	0120-104-616
千歳烏山校	0120-104-331
千歳船橋校	0120-104-825
都立大学駅前校	0120-275-104
中目黒校	0120-104-261
二子玉川校	0120-104-959

[東京都下]
吉祥寺南口校	0120-104-775
国立校	0120-104-599
国分寺校	0120-622-104
立川駅北口校	0120-104-662
田無校	0120-104-272
調布校	0120-104-305
八王子校	0120-896-104
東久留米校	0120-565-104
府中校	0120-104-676
☐★町田校	0120-104-507
三鷹校	0120-104-149
武蔵小金井校	0120-480-104
武蔵境校	0120-104-769

●神奈川県
青葉台校	0120-104-947
厚木校	0120-104-716
川崎校	0120-226-104
湘南台東口校	0120-104-706
新百合ヶ丘校	0120-104-182
センター南駅前校	0120-104-722
たまプラーザ校	0120-104-445
鶴見校	0120-876-104
登戸校	0120-104-157
平塚校	0120-104-742
藤沢校	0120-104-549
武蔵小杉校	0120-165-104
☐★横浜校	0120-104-473

●埼玉県
浦和校	0120-104-561
大宮校	0120-104-858
春日部校	0120-104-508
川口校	0120-917-104
川越校	0120-104-538
小手指校	0120-104-759
志木校	0120-104-202
せんげん台校	0120-104-388
草加校	0120-104-690
所沢校	0120-104-594
★南浦和校	0120-104-573
与野校	0120-104-755

●千葉県
我孫子校	0120-104-253
市川駅前校	0120-104-381
稲毛海岸校	0120-104-575
海浜幕張校	0120-104-926
☐★柏校	0120-104-353
北習志野校	0120-344-104

新浦安校	0120-556-104
新松戸校	0120-104-354
☐千葉校	0120-104-564
☐★津田沼校	0120-104-724
成田駅前校	0120-104-346
船橋校	0120-104-514
松戸校	0120-104-257
南柏校	0120-104-439
八千代台校	0120-104-863

●茨城県
つくば校	0120-403-104
取手校	0120-104-328

●静岡県
☐静岡校	0120-104-585

●奈良県
☐奈良校	0120-104-597

★ は高卒本科(高卒生)設置校
※ は高卒生専用校舎
☐ は中学部設置校

※変更の可能性があります。
最新情報はウェブサイトで確認できます。

全国約1,000校、10万人の高校生が通う、

東進衛星予備校　0120-104-531
トーシン　ゴーサイン

近くに東進の校舎がない高校生のための

東進ハイスクール在宅受講コース　0120-531-104
ゴーサイン　トーシン

ここでしか見られない受験と教育の最新情報が満載！

東進ドットコム　www.toshin.com

東進　🔍検索

東進TV

東進のYouTube公式チャンネル「東進TV」。日本全国の学生レポーターがお送りする大学・学部紹介は必見！

大学入試過去問データベース

君が目指す大学の過去問を素早く検索できる！2023年入試の過去問も閲覧可能！

大学入試問題
過去問データベース
190大学 最大29年分を
無料で閲覧！

※2023年4月現在